TRAITÉ

SUR
LA CONNOISSANCE
DU ROYAL
JEU DE PAUME,
ET DES PRINCIPES

Qui font relatifs aux différentes Parties qu'on y joue;

Dans lequel on établit les moyens les plus prompts & les plus sûrs pour devenir habile à ce jeu, foit dans le jugement de la balle, foit dans l'attaque & la défenfe: fuivi d'autres détails curieux auxquels l'on a joint des confeils fur la prudence que doivent avoir les Amateurs pour éviter les pieges que l'on peut tendre à leur inexpérience; avec le nom des plus fameux Paumiers & celui des Amateurs les plus connus.

DÉDIÉ A SON ALTESSE ROYALE
Mgr. LE COMTE D'ARTOIS.

Par M. DE MAN***EUX, Amateur.

Inter fe adverfis arena luctantur jactus.

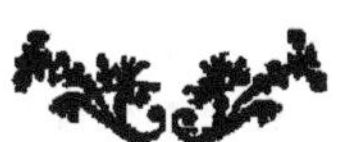

A NEUCHATEL.

M. DCC. LXXXIII.

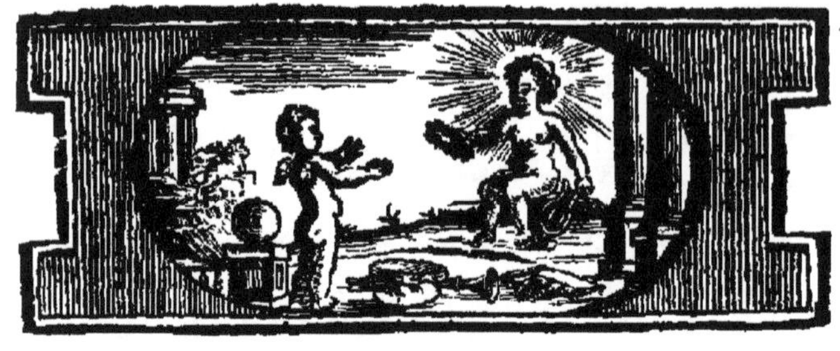

A

SON ALTESSE ROYALE

MONSEIGNEUR

LE

COMTE D'ARTOIS.

MONSEIGNEUR,

J'ofe offrir à VOTRE ALTESSE ROYALE
un Livre unique en fon genre, puifqu'aucun
Auteur des temps paffés ni préfents n'a écrit
fur la Science méthodique du Jeu de paume qui
a fait toujours un des amufemens de la plupart

de nos Rois & de nos Princes; c'eft le Jeu le plus utile à la fanté, le plus noble, le plus féduifant, & qui développe mieux les graces du corps. L'accident fatal arrivé à Henri II a fait profcrire en France les Tournois & tous les Combats fimulés où il falloit payer de fa perfonne ; les courfes des chevaux ne rempliffent pas entiérement la fatisfaction des propriétaires qui defireroient dans des moments tenir les rennes du courfier qui eft devancé, ou de celui qui eft victorieux. Mais le Joueur de paume dirige lui-même fa marche, fes fuccès flattent d'autant plus fon amour propre, que c'eft par fon adreffe qu'il triomphe des obftacles. Il étoit impoffible, MONSEIGNEUR, qu'avec les graces qui vous font naturelles, la paume n'eût pas pour vous de l'attrait : votre goût pour cet exercice a excité l'émulation de la Nobleffe: vos Courtifans flattés de feconder vos plaifirs, s'y font adonnés ; il vous étoit réfervé, MONSEIGNEUR, d'avoir tous les goûts brillants qui tendent à la renommée & à la gloire, fans craindre même les dangers de la guerre. Excufez un Amateur de la paume de la hardieffe qu'il prend de vous dédier de cent lieues fon ouvrage : s'il donne quelques préceptes, il ira dans la foule vous admirer, & prendre de vos exemples fur un Art que vous cultivez avec fuccès.

Souffrez donc, Monseigneur, qu'un de vos admirateurs foit en même temps,

DE VOTRE ALTESSE ROYALE,

Le très-humble & très-obéiffant Serviteur, De Man***eux.

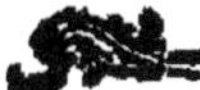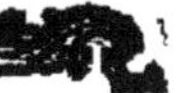

TABLE
DES ARTICLES.

DÉDICACE.
Avant - Propos.

TABLE DES ARTICLES.

Fin de la Table des Articles.

ERRATA.

Page 3 ligne 4, *& celui du quarré*, lifez, de celui du *quarré*.

Page 15 ligne 17, *on fait perdre quinze*, lifez, ou fait *perdre*.

Page 67 ligne 11, *les coups de celui-ci étant*, lifez, *font peu embarraffans*.

Page 93 ligne 16 des *premiers*, lifez, de *premiers*.

Page 104 ligne 10, il n'y avoit *pnoit*, lifez, *point*.

AVANT-PROPOS.

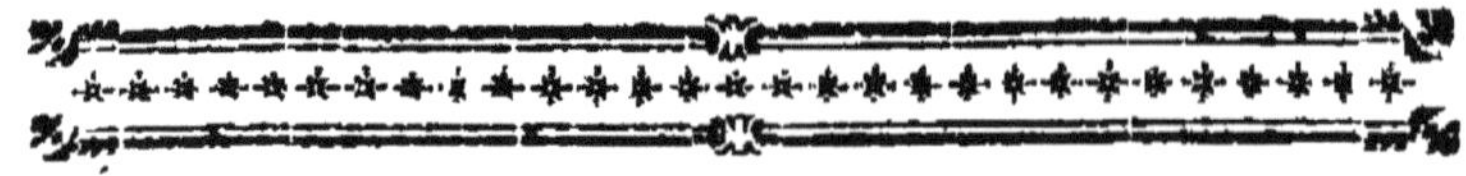

AVANT=PROPOS,
UTILE A LIRE.

JE ne connois en aucune langue de Traité, fur le *jeu de Paume*, avant celui-ci ; c'eſt le feul qui ait paru & que je préſente à tous les *amateurs*, anciens & modernes de ce fiecle. Je ne ſuis pas un *amateur* de la premiere force ; mais j'ai joint les avis des fameux joueurs, à ma propre expérience. J'ai connu des amateurs, en fait de peinture, qui auroient égalé, pour le coloris & le clair obſcur, les plus grands maîtres ; mais cet art, n'étant pas pour eux une profeſſion, mais un amuſement, ils négligeoient ſouvent leurs pinçeaux ; l'on peut croire cependant qu'ils étoient capables de connoître la beauté d'un tableau & de diſcourir ſur la maniere dont le peintre avoit combiné ſes couleurs pour nous faire illuſion par leur magie. L'on voit auſſi des gens qui auroient été de célebres mécaniciens, ſi la fortune les eût forcés par des circonſtances à cultiver cette ſcience ; mais leur génie ſe déclare ſouvent dans un moment où les artiſtes en

a

ce genre font embarraffés ; tel que ce ma-chinifte que Sixte-Quint avoit employé pour mettre fur pied, dans une place de Rome, une colonne fort élevée. Tandis que cette co-lonne s'élevoit lentement, par le moyen des machines & des cordages, elle perdit, prefque tout - à - coup, fon point d'appui, par des mouvements à contre-temps. La frayeur s'em-para de tous les fpectateurs, qui, allarmés prenoient la fuite. Le machinifte avoit perdu la tête; lorfqu'un particulier s'avança du milieu de la foule, & cria aux manœuvres, avec force & d'une voix de maître, qu'il falloit lâcher tels cordages & en faire tirer d'autres : le fuccès répondit à fon confeil, les accidents difparu-rent & le particulier refta inconnu.

Il paroît que l'auteur de l'article *Jeu de Paume*, du *Dictionnaire encyclopédique*, s'eft contenté de confulter quelqu'un, qui, comme lui, n'étoit jamais entré dans aucun jeu de Paume. Cet article eft plein de fauffetés ; l'au-teur dit que les *parties* fe comptent par trois ou quatre jeux & que le jeu fe divife par *dix* ou par *quinze*, & que comme le *jeu de Paume* forme un *quarré long*, ce font des aftrono-mes qui ont établis les principes & la combinaiſon de ce jeu, pour le comparer *au ce cle*. Il faut bien avoir la fureur de compoſer des problêmes mathématiques pour expliquer des objets viſibles par des choſes idéales.

L'on a fait des traités ſur la connoiſſance & la marche de tous les *jeux ſédentaires*, dont la ſcience conſiſte principalement dans des combinaiſons ſur l'art de jeter à propos ſur un tapis différentes cartes, & de deviner à peu près celles qui conſtituent le jeu de ſes adverſaires ; un certain eſprit réfléchi, diſpoſé au calcul des nombres, & la routine y rend un joueur plus habile que ceux qui ne ſe placent à une table de jeu que pour y tenir des cartes par contenance ; & l'on peut dire qu'en fait de *jeu de ſociété*, il y a des gens aſſurés de ſe faire un revenu, fondé ſur l'ignorance & l'inatention des autres ; il n'y a pas de maiſon dans chaque ville où il ne ſe trouve de ces prétendus complaiſants, véritables oiſeaux de proie, qui, ſous l'ombre de la décence, ſous le prétexte de ſe rendre utiles, ne dévorent tout l'argent d'un tapis : ils s'avouent eux-mêmes fort ignorants ſur le jeu propoſé, afin d'être placés parmi les moins expérimentés, & tout en affectant l'air du plus grand défintéreffement, ils font les autres *repic* & *capot*, ou leur font faire la *bête*.

La plus grande partie des citoyens de tout état s'amufent à ces *jeux de commerce* ou *de fociété*, & les jeux d'exercice n'ont pour amateurs que le plus petit nombre ; j'appelle jeux d'exercice ceux *de boules*, *de quilles*, *de balon*, *de longue Paume*, *en pleine campagne*, & celui dont je vais parler, à favoir le royal *jeu de Paume*, entouré de murs de pierre de taille & où les joueurs font à couverts.

Les habitants des différentes provinces ont plus ou moins de paffion pour ces fortes de jeux, celui de la *Paume* eft appelé *jeu royal*, parce qu'il a toujours fait l'amufement de plufieurs de nos rois & de nos princes : l'on fent bien qu'une *balle* qui rencontre, après fon jet, des murs & un pavé en pierre de taille, doit former plus de variations dans fes effets que celle, qui, pouffée en plein air dans la campagne ne retombe que fur le terrain où elle s'amortit prefque tout-à-coup. Un joueur de Paume qui juge bien de la diverfité des angles que forme une balle dans fes effets, fe place plus favamment dans l'endroit pré-

cis où il doit relever la balle avec fa raquette ; & de tous les jeux d'exercice , c'eſt
celui de la *Paume* qui exige plus d'adreſſe
& une certaine diſpoſition du corps. Les jeunes gens qui s'y adonnent ſont obligés de
ſuivre les inſtructions des *garçons paumiers* ,
dont la plupart ſongent plutôt à faire une
dupe de leur éleve , qu'à leur enſeigner quelques principes.

Il eſt impoſſible que parmi quatre ou cinq
joueurs de parties de cartes (tel qu'au re-
verſi , à l'*wisk* , au *berland* , au *quinze* , &c.)
deux des figurants puiſſent faire avantage
aux autres , & l'on ſuppoſe toujours ce qui
ne ſe rencontre jamais , que les quatre joueurs
ſont d'égale force. Il eſt vrai que la fortune peut donner un avantage aux moins
expérimentés , en faiſant tomber aux plus habiles la plus mauvaiſe chance des cartes , &
l'on voit à cet égard l'eſpérance du plus fin
joueur trompée ; mais comme la ſupériorité ,
dans les jeux d'adreſſe & d'exercice , dépend
principalement des diſpoſitions corporelles &
de la pratique , chaque joueur eſt maître de
déguiſer ſa ſcience ou de la montrer. Un joueur
de Paume , tient contre plus foible que lui ,

la fortune dans fes mains & la dirige à fa volonté. Tous les amateurs, *novices* à la Paume,
ont éprouvés des fupercheries , & comme ils
ont été pris pour dupes , ils croient pouvoir
prendre leur revanche vis-à-vis de ceux qui
commencent à prendre la raquette après eux.
Point de jeu plus féduifant , pour un jeune
amateur , que celui de la Paume : plus un
joueur y acquiert des connoiffances , plus il
eft féduit par des illufions trompeufes. Il croit
d'abord , quand il prend une *raquette* , que ce
jeu eft facile & qu'il fera bientôt au nombre
des forts joueurs. Cette idée qui le fuit pas à
pas eft nourrie, dans fon efprit , par les élo-
ges qu'il follicite ; de forte qu'au bout de fix
mois, il croit être en état de faire fa *partie* ;
mais il eft bientôt détrompé de cette erreur
agréable , lorfqu'après plufieurs années d'e-
xercice , il reçoit encore des avantages de
ceux mêmes qu'il croyoit égaler en peu de
temps.

Je donne dans ce traité des préceptes qu'un
amateur , envieux d'acquérir certaine fcience , ne doit pas négliger , & des avis fur
la méfiance qu'il doit avoir des pieges que l'on
tend à fon inexpérience. Il y a dans les diffé-

rents quartiers de la capitale, treize *jeux de Paume*, tous fréquentés, tandis qu'on en cite qu'un ou deux, tout au plus, dans les villes les plus confidérables du royaume ; de forte que dans un feul jeu de Paris, il y a autant d'amateurs habitués que dans ceux des villes particulieres ; mais un jeune amateur qui arrive dans la *capitale* doit fe tenir en garde contre toutes propofitions défavantageufes. Il connoiffoit tous les joueurs de fa ville & favoit à quoi s'en tenir fur leurs forces, ou les avantages qu'il pouvoit en recevoir ; mais à Paris, où la multitude des étrangers eft confondue avec celle des citoyens, ou des perfonnes de tout état, inconnues même entr'elles, fréquentent & circulent dans tous les *jeux de Paume*, les égrefins font par-tout en embufcade. ainfi ce jeune amateur, ne peut diftinguer d'abord ceux qui fe fervent de leurs talents pour végéter aux dépends du public, & dont il pourroit être la dupe : donc il ne doit pas écouter fon envie de briller ni faire parade de fa prétendue fcience : il trouveroit tout de fuite des flatteurs qui exagéreroient fa dextérité ; mais l'amertume eft à côté du miel qu'on lui préfente ; fon amour propre ne fera fatisfait qu'aux dépends de fa *bourfe* , & plus il recevra de louanges, moins il croira devoir fe plaindre de fa perte ; car dans ce pays c'eft toujours avec le mafque de la politeffe qu'il fera dévalifé.

Je parlerai plus au long , dans le cours de ce Traité, des embûches qu'un amateur doit éviter. Quoique l'on m'ait fouvent dit qu'il eft difficile d'expliquer , par théorie , des actions momentanées qui dépendent du jugement du joueur & de fes difpofitions corporelles , cependant il y a des préceptes qui peuvent accélérer les fuccès. L'éloquence feroit mal placée dans les démonftrations des combinaifons d'un jeu tel que celui-ci ; je me fuis fimplement attaché à la clarté du ftyle ; c'eft feulement un effai que je préfente , dont les détails peuvent être augmentés dans la fuite , & je recevrai avec reconnoiffance des *amateurs* tous les éclairciffements qu'ils feront capables de me donner à cet égard.

TRAITÉ

SUR LA CONNOISSANCE

DU ROYAL JEU DE PAUME.

CHAPITRE I.

Description d'un Jeu de Paume.

ARTICLE I.

Tous les Jeux de Paume varient, plus ou moins, dans leur longueur & largeur; mais ils forment tous un quarré long, entouré de murs de pierres de taille, de 20 à 22 pieds de hauteur. La longueur d'un beau jeu de Paume doit être de 90 pieds de long, fur 27 à 28 pieds de large. Il faut qu'ils foient pavés en carreaux unis de pierre de taille, d'un pied & demi de large. Il y a deux efpeces de jeu de Paume, dont

A

la conſtruction diffère en quelques parties , ils ſe diſtinguent en *jeu de dedans* & *jeu de quarré.*

ARTICLE II.

Dans les jeux de dedans il regne le long d'un des grands murs & des deux murs en largeur , un toit incliné en planches unies & jointes les unes aux autres , lequel toit eſt ſoutenu par des pilliers en bois qui appuyent ſur des petits murs de trois pieds & demi de haut. Ces petits murs , appelés murs *des batteries* , regnent auſſi tout le long des *ouverts.*

Ces *ouverts* ſont les intervalles qui exiſtent entre le toit & les batteries & ſont garnis d'un filet pour garantir les ſpectateurs d'un coup de balle: l'on dit, ouvert du *premier* , du *ſecond* , du *dernier* & du *dedans.* Le joueur qui envoie des balles dans ces ouvertures forme des *chaſſes* ou gagne un *quinʒe* , comme je l'expliquerai dans la ſuite. Le *dedans* eſt une ouverture qui exiſte ſous preſque toute la longueur du toit oppoſé à celui du ſervice. Lorſqu'un joueur placé , du côté du ſervice , fait entrer une balle dans cette ouverture , l'on dit qu'il a fait un coup de *dedans* & il gagne *quinze* : c'eſt cette ouverture & le toit qui la domine, qui diſtingue particuliérement le jeu du dedans & celui du quarré.

Dès qu'on entre dans un jeu de *dedans*, ſi on tourne à gauche, on regarde le toit du ſervice, & de l'autre côté le toit du *dedans* ; le mur de batterie, qui ſoutient ce dernier toit, ſe nomme *batterie du dedans*.

ARTICLE III.

Dans le jeu de Paume, appelé du *quarré*, le dedans ni la continuité du toit qui le couvre n'exiſte point, la ſuperficie du mur de largeur du fond du jeu paroît toute entiere ; mais il y a au bas de l'angle de ce mur, à fleur du carreau, un trou *quarré* d'un pied & demi de large, & à ſon côté opoſé eſt plaquée perpendiculairement une *planche* ou *ais*, d'un pied de large & élevé à la hauteur du grand toit auquel elle eſt adhérente : le joueur, qui, placé du côté du ſervice, frappe avec la balle cette *planche*, de volée gagne *quinze*, de même que s'il fait entrer dans ledit trou *quarré* cette balle ou de volée ou de ſon premier bond... C'eſt ce trou qui a fait donner à ce jeu le nom de quarré :

on dit tel joueur a fait un coup de trou ou a
fait un coup d'ais.

ARTICLE IV.

Dans les jeux de *dedans,* comme dans ceux
du *quarré ,* il exifte une fenêtre ouverte , ap-
pelée *grille ,* fituée au bout du toit du fervice ,
faifant un angle droit avec une partie du grand
mur , & celui du petit mur du toit du fervice.

Le joueur , qui , placé du côté du *dedans*
ou de *l'ais ,* dans le jeu du quarré , fait entrer
une balle dans cette grille gagne *quinze ,* &
l'on dit qu'il a fait un coup de *grille.* J'appelle
le *grand mur* celui contre lequel il n'exifte
point de toit. Il y a encore une conftruction
qui diftingue les jeux du *dedans ,* de celui du
quarré ; c'eft le *tambour,* qui eft un double mur
adoffé contre le grand mur du côté de la grille,
dont il eft éloigné feulement de dix pieds , il
forme un avance dans le jeu d'un pied & demi
de large , fa coupe eft de toute la hauteur du
grand mur & fe termine par un pan plus ou
moins oblique , nous en parlerons dans la
fuite plus en détail. Il y a des jeux de *dedans* où le *tambour* n'exifte pas.

ARTICLE V.

La longueur de tous les jeux de Paume

eſt partagée par une *corde*, tendue tranſ-
verſalement dans leur largeur : cette *corde*
eſt attachée d'un côté au poteau du *premier*
ouvert & de l'autre à un anneau plombé contre
le *grand mur*. Elle ſe peut plus ou moins
tendre par le moyen d'un levier. Cette *corde*
ou *filet*, ainſi tendue fait diſtinguer le côté
où ſont placés les joueurs. L'on dit tel joueur
eſt du côté de la grille, ou du côté du *de-*
dans ou de l'*ais* pour les jeux de quarré. L'on
appelle mettre *deſſus*, lorſque la balle que
l'on pouſſe ou releve avec ſa raquette paſſe
par deſſus cette corde ou filet tendu, au milieu du jeu ; l'on dit que le joueur a mis
deſſous, lorſque la balle qu'il a pouſſé ou relevé a été arrêtée par cedit filet & alors il
perd *quinze*.

ARTICLE VI.

J'ai dis que les toits d'un jeu de Paume
étoient ſoutenus par des poteaux qui ap-
puyoient ſur les *petits murs des batteries*, il
eſt pratiqué dans l'étendue de ces murs des
ouvertures qui ſervent d'entrées aux jeux de
Paume. Ces entrées ſont ſituées de chaque
côté de la *corde* près des ouverts *des premiers*,

& c'eſt à ces entrées que ſe placent les marqueurs ou *garçons paumiers* pour compter
les *parties*. Il regne hors du jeu, le long de
ces *poteaux* & *murs* une galerie qui eſt con-
tinuée juſques dans l'intérieur du *dedans* &
à couvert par le plafond du grand toit. C'eſt
dans l'intérieur du *dedans*, & le long de cette
galerie, (garantie, comme je l'ai dit, par
un filet) que ſe placent les amateurs & ſpectateurs pour voir jouer une partie.

Les plafonds des jeux de Paume ſont plus
ou moins élevés & ſont ſoutenus par des
pilliers qui appuyent ſur le haut des contre-
murs, tous les jeux de Paume ſont éclairés
par les ouvertures qui exiſtent entre ces *piliers*
dont les intervalles ſont ſeulement garnis de
filets ou *nattes* de *paille* afin que les *balles*, ren-
voyées à cette hauteur par les joueurs ne ſe
perdent pas. Le joueur, qui, dans une partie,
envoie la balle au haut des filets perd *quinze*.
Les amateurs qui n'ont point trouvés de
place dans les *galeries* d'en bas pour voir
jouer montent aux filets & ſe placent entre
l'épaiſſeur du mur du jeu & celle du contre-
mur.

Toute perſonne enfin ſera bien plutôt inſtruite de la conſtruction d'un jeu de Paume par la ſeule vue que par les deſcriptions les plus claires.

CHAPITRE II.

Des balles , des raquettes , de la maniere de les tenir , de la partie & de ſa diviſion en jeux.

ARTICLE VII.

LES balles , dont on ſe ſert à la Paume , ſont faites de petites bandes de drap dont on forme une boule ou pelotte de la groſſeur d'une *pomme* ; ces pelottes de drap ſont arrondies avec art, preſſées & liées de force , avec de bonnes ficelles; & enſuite recouvertes d'autres bandes de drap blanc , coupées en triangles que l'on coud enſemble. Tous les murs de l'intérieur d'un jeu de Paume ſont peints en noir , & on leur donne cette couleur deux fois dans l'année, afin que les balles blanches, frappantes contre des murs noircis ſoient mieux apperçues & ſuivies dans leurs effets par les joueurs; & pour maintenir la blancheur de ces balles, les *garçons paumiers* les font rouler, avant le commencement d'une partie , dans des grands facs de peau , remplis de *fon*. C'eft par la même raifon encore que l'on rougit , avec du fang de bœuf , les carreaux , en pierre grife , dont font pavés les jeux de Paume.

Les Romains jouoient à la Paume ; mais ne fe fervoient point , pour y jouer , d'une raquette : ils pouffoient la balle avec la *paume* de la main , de-là eft venu le nom du jeu de *Paume* : on peut fuppofer que l'on donna peu à peu aux balles la forme & la dureté qu'elles ont maintenant , car nos anciens , fe fentant incommodés , en parant avec la main des coups violents , s'armerent d'un gand de bufle & enfuite , pour moins fentir l'impulfion de la balle , & rendre ce gand plus élaftique , ils y firent tendre dans fon épaiffeur des cordes de boyaux , & la raquette ne remplaça que long – temps après cet ufage.

RAQUETTES.

ARTICLE VIII.

TOut le monde connoît la forme d'une raquette , celles de *paume* ont en tout point beaucoup plus de volume que celles dont on

fe

fe fert pour le jeu du volant, elles font faites d'un treillis de cordes de boyaux, fort tendues fur un tour de bois, qui a un grand manche, recouvert de peau. L'on appelle *montant* de la raquette les cordes fur lefquels repaffent d'autres cordes tranfverfales que l'on nomme *travers*. Un des côtés de la raquette, en terme de Paume, s'appelle les *droits*, & l'autre les *nœuds*. L'on nerve les *tenffons* de ces raquettes afin qu'elles durent & réfiftent davantage. Un joueur, pour tenir fa raquette d'une maniere convenable, doit la tenir un peu de côté, de forte qu'il puiffe frapper avec aifance la balle, foit *d'avant-main*, foit *d'arriere-main*, Les coups *d'avant-main* fe pouffent avec le côté des *droits* de la raquette, & ceux *d'arriere-main* avec le côté des *nœuds*. L'on dit, tel joueur a un beau coup *d'avant-main* ou *d'arriere-main*.

ARTICLE IX.

L'on appelle couper la balle, la pouffer du poignet, en tenant fa raquette un peu *hori-zontalement*. Cette maniere de la frapper, en lui communiquant un mouvement plus rapide dans fa portée, rend fes bonds moins étendus, plus amortis, de forte qu'elle eft très-difficile

B

à relever : L'on dit , tel *joueur coupe bien la balle.*

ARTICLE X.

La partie eſt compriſe en huit jeux & dans quelques provinces en ſix. Le jeu eſt diviſé en ſoixante points , qui ſe comptent par quinze , c'eſt-à-dire , que le joueur perd quinze points ou les gagne , ſuivant les fautes qu'il fait , ou ſuivant les coups qu'il joue bien. Il perd quinze, 1°. S'il ne releve pas la balle du côté du *ſervice.* 2°. S'il ne tire pas une chaſſe avec juſteſſe. 3°. S'il met deſſous la corde ou au haut des filets ; — mais il gagne quinze , 1°. Si malgré ſon adverſaire , il a tiré une chaſſe avec préciſion. 2°. S'il fait entrer ſa balle dans les ouvertures *du dedans , du trou* de *la grille* , ou s'il frappe *l'ais* de *volée.*

Si les deux joueurs gagnent ainſi quinze , tour à tour , le marqueur annonce *quinze* à *un ,* & enſuite trente pour le joueur qui gagne le quinze ſuivant , puis de même *quarante-cinq* ; & s'il gagne encore le dernier quinze , le *marqueur* annonce le jeu pour lui & le marque ; mais ſi les deux joueurs gagnent alternativement un quinze , le marqueur annonce *quinze à un , trente* à *un* , & s'ils arrivent tous deux

au nombre de quarante-cinq , le marqueur an.
nonce alors qu'ils font à *deux* ; de forte que
le premier qui gagne le quinze fuivant a l'a-
vantage : mais s'il fait une faute il revient à
deux jufqu'à ce que l'un ou l'autre gagne deux
quinze de fuite , & par conféquent *le jeu*.

Les marqueurs , comme j'ai dit , Art. VI ,
fe tiennent , l'un à une des entrées du jeu , du
côté du dedans ou de l'ais , & l'autre à l'entrée du côté du *fervice* ; c'eft le marqueur qui
eft du côté du *dedans* ou de *l'ais* qui marque ,
avec de la craie blanche , fur le carreau où il
eft placé , des lignes pour défigner les jeux
que gagne chaque joueur. L'autre marqueur
juge de fa place , fi fuivant la regle , la balle
de celui qui a fervi furpaffe la raie du dernier ,
ou quand les balles font de ce côté , par leur
retour , *chaffe devers* le jeu.

L'on dit que deux joueurs font à *deux de
jeu* , lorfque dans les parties , compofées de
huit jeux , ils prennent chacun *fept jeux* , de
même que dans les parties de *fix jeux*. Quand
ils en ont pris chacun *cinq* , il faut alors qu'un
des deux joueurs gagne *deux jeux* de fuite
pour gagner la partie ; car un feul jeu ne lui
donneroit que l'avantage.

B 2

Le plus petit avantage qu'un joueur puisse donner à un autre, c'est une *bisque* qui vaut *quinze points* ; celui qui la reçoit est libre de la placer à son profit, dans le courant de la partie : l'on dit, ce joueur rend à l'autre *quinze* ou *demi quinze*, c'est-à-dire, *quinze* sur un *jeu* & rien sur le suivant, ou demi-trente, c'est *quinze* sur un jeu & trente sur le suivant : — outre ces différents avantages, le joueur le plus foible, peut encore recevoir plusieurs *bisques* : l'on dit, tel joueur rend à un autre, *demi-quinze* & *trois bisques* ou quinze & *deux bisques*, &c.

Le joueur qui sert est toujours placé du côté du *dedans* ou de *l'ais* dans les *jeux du quarré* ; il prend les balles dans un panier, posé sur la batterie du *dedans* ou celle du *dernier*, & les fait rouler sur le toit de différentes manieres à son adversaire : les balles qui n'ont pas été relevées ou qui ont fait leur effet sur les carreaux, soit en gain ou en perte pour les joueurs, sont arrêtées sous la corde du milieu, & un des garçons de paume les ramasse, pour les remettre dans le *panier*. Dans les parties de quatre, ceux qui prennent le service s'appellent les *premiers* & ceux qui servent les *seconds*, l'on dit, tel joueur *prime*, tel autre *seconde*.

L'on dit, que deux joueurs pelottent quand ils se renvoient des balles, pour seulement s'exercer, sans faire de *partie*, & l'on dit figurément, qu'une personne pelotte, en attendant *partie*, quand il s'amuse à quelque léger *badinage*, en attendant un *meilleur*.

Avant de faire une *partie*, les joueurs, surtout, dans les temps de chaleurs prennent des *chemises de Paume*, & leur partie finie, rentrent dans la chambre, où, après s'être fait essuyés & frottés, ils reprennent leur linge que l'on a dut tenir échauffé.

CHAPITRE III.
DES DIFFÉRENTS SERVICES
ET DES CHASSES.

CHASSES.
ARTICLE XI.

J'Ai dis que le sol d'un jeu de Paume étoit carrelé en grand carreaux de pierre de taille, & que le milieu du jeu étoit partagé transversalement par une *corde* ou filet qui le divise en deux parties, savoir : en celle du côté *du de-*

dans, & celle du côté de la *grille* & du *tambour* ; l'on doit fe reffouvenir que dans les jeux de quarré, c'eft le *trou* & *l'ais* qui remplacent le côté du *dedans*. — Les *marqueurs* difent ordinairement, avantage pour M^r. du côté de la *grille* ou avantage pour M^r. du côté du *dedans* ou de *l'ais*.

Je ferai obligé, dans le courant de ce Traité, de répéter fouvent les mêmes explications, autant pour l'intelligence du fujet que pour l'inftruction des amateurs qui peuvent oublier aifément les détails des articles précédents qui feront marqués par le renvoi de l'Article.

Article XII.

Les *carreaux* d'un jeu de Paume font pofés dans leurs *joints*, en ligné directe de la largeur du jeu de Paume ; ce font ces lignes & l'efpace d'un carreau à un autre qui fixent les *chaffes*, ces lignes ou raies font marquées fur le carreau en noir & aboutiffent d'un côté à contre bas du *grand mur* & de l'autre au bas de celui des *batteries* où elles font numérotées avec du jaune doré. La balle eft défignée faire *chaffe* dans l'endroit du carreau qu'elle a frappée de fon *fecond bond*. L'on dit chaffe *demi-carreau*, un *carreau*, deux *carreaux*, &c. jufqu'au N°. douze, après lequel font tracées les raies du *dernier*, du *fecond* & du *premier ouvert*. (Voy. l'Art. I.) Le Ier. N°. des chaffes eft toujours marqué fur la ligne du carreau le plus près de la *batterie* du *dedans*,& dans le jeu du *quarré* de celui qui touche le *trou* & *l'ais*.——

Ces principales chaffes font toujours établies du côté de la partie à droite du jeu de Paume ; car il eft à remarquer que du côté de la *grille* qui eft ordinairement la partie à gauche du jeu (*& celle où on reçoit le fervice*;) il n'y a point de courte *chaffe*, marquée fur les carreaux. Il exifte feulement de ce côté du jeu, comme de l'autre, des *raies tranfverfales*, tracées en noir fur la ligne des carreaux, paralleles aux *ouverts*, fur lefquelles la chûte de la balle *forme chaffe*. On fait perdre *quinze* au joueur s'il ne la releve pas, fur-tout dès qu'elle a furpaffé la raie du *dernier* ; car tout joueur qui après cette raie du côté du fervice, ne peut relever la balle après fon premier bond fur le carreau, perd toujours *quinze* ; & une balle qui n'a pas été pouffée avec affez de force pour furpaffer du côté du fervice la raie du dernier, forme chaffe devers le jeu, de même lorfque frappant le mur du fond, elle revient, de fon fecond bond, retomber en dehors de cette *raie*.

Article XIII.

Une autre combinaifon du jeu de Paume, eft que, lorfqu'une balle entre dans l'*ouvert*, du *dernier* du côté du *dedans* ou de l'*ais*, elle n'y forme qu'une chaffe ; tandis qu'un joueur qui, du côté du *dedans*, fait entrer une balle dans l'*ouvert* du *dernier*, du côté du fervice, gagne un *quinze*, comme s'il eût fait un coup de *grille* ; & c'eft le feul de tous les *ouverts*, fitués le long du grand *toit*, qui donne cet avantage.

J'avertis mes lecteurs que, dans la fuite, lorfque je parlerai du *trou* & de l'*ais*, c'eft du jeu de *quarré* dont j'entends parler. Il faut éviter les répétitions qui mettroient de la confufion dans des préceptes qui ne fauroient être expliqués trop clairement.

Article XIV.

J'ai dis, Art. I, qu'il régnoit le long d'un des grands murs du jeu un *toit* incliné, foute-nu par des poteaux, dont les intervalles for-ment les *ouverts*. C'eft fur ce grand *toit*, & fur celui qui par un retour à angle droit, communique à la *grille*, que le joueur placé

du

du côté du *dedans*, ou de l'*ais*, dans les jeux du *quarré*, envoie le fervice à fon adverfaire. La partie des *toits*, située à la partie gauche du jeu, peuvent fe nommer les *toits* du *fervice*, & le mur, foutenant le *toit* en retour, communiquant à la *grille*, peut s'appeler le *mur du fervice*; un des deux joueurs prend des balles, qui font dans un panier que le marqueur a pofé de ce côté, fur l'intervalle du mur de la batterie du *dernier*, & les pouffe de différentes manieres fur les *toits*. — C'eft à celui qui reçoit le fervice, de l'autre côté du jeu, à être attentif à l'impulfion que la balle a reçu & à juger de l'effet qu'elle doit faire en retombant du *toit* fur les carreaux ; alors il l'a renvoie ou avant qu'elle porte contre le mur du fervice ou la laiffe porter contre ce mur, ou bien la prend de *volée* à la defcente du toit. Celui qui avoit fervi doit juger à fon tour de la balle qui lui eft renvoyée, pour la rejouer à fon adverfaire qui eft du côté du *fervice*, de forte qu'il ne puiffe la relever.

Il ne faut pas oublier ce que j'ai dit, Art. Ier. au fujet de la *corde* ou *filet* qui partage le *milieu du jeu*. J'ai dit que l'on appeloit, *mettre deffus*, lorfque *la balle que l'on a pouffé* ou re-

levé avec ſa raquette paſſe pardeſſus cette corde : & l'on dit que le joueur a mis *deſſous*, lorſque, par ſon coup, n'ayant pas donné à la balle l'élévation néceſſaire pour franchir cette corde, ladite *balle* s'y trouve arrêtée.

ARTICLE XV.

Tout joueur qui met *deſſous*, ſoit en prenant le ſervice, ſoit en relevant la balle, ou de quelque façon que ce ſoit, perd *quinze*. Il y a deux extrémités, également préjudiciables aux joueurs, lorſque ſa *balle* s'éleve juſqu'au haut des filets des grands *murs* ou s'arrête en bas contre la corde du milieu du jeu, dans ces deux cas, il fait toujours gagner *quinze* à ſon adverſaire. Les coups qui paſſent pour les mieux joués ſont ceux qui font élever, le moins poſſible, la balle dans ſon trajet au deſſus de cette corde : l'on dit, *cette balle a paſſée à fleur de la corde, l'a friſée.* Les joueurs, un peu exercés, s'attachent à renvoyer la balle dans cette direction, parce qu'elle parcourt plus d'eſpace en peu de temps & qu'elle eſt plus difficile à relever, ſurtout quand ils l'ont coupée. Voy. l'Art. II. Ils ſont flattés par ce moyen de dérober, pour ainſi dire, la balle à leurs adverſaires, qui, ayant plus de peine à ſe porter à ſa rencontre, peuvent plus aiſément tomber en faute ; mais le danger eſt auſſi à côté de cette ſatisfaction, puiſque cette ambition les expoſe à mettre ſouvent *deſſous*.

ARTICLE XVI.

SERVICES.

L'on peut diſtinguer quatre ſortes de ſervices : ſavoir, le ſervice *roulé*, le ſervice *martelé*, *piqué* ou *pointé*, le ſervice *tourné*, & le *ſervice* donné contre le *grand mur du toit* ; ce dernier, le plus uſité, peut ſe donner de différentes manieres. La balle frappant le grand mur, tombe obliquement ſur le toit, & en retombant ſur le pavé, s'éloigne d'abord du joueur, par un angle rentrant contre le mur du *ſervice* & revient enſuite vers lui. — J'appelle mur du ſervice ou de la *grille*, celui auprès duquel le joueur eſt toujours placé pour relever la balle qu'on lui ſert.

Le *ſervice martelé*, *piqué* ou *pointé*, ſe donne en envoyant la balle ſur le toit, comme ſi on la frappoit avec un marteau ; par cette impulſion elle fuit par caſcade le bord du toit & retombe avec rapidité contre le joueur, qui, dit-on, eſt maître de refuſer ce *ſervice*, ſur tout quand le premier coup de la balle , fur le toit , n'a pas furpaffé la *corde.*

Le fervice *tourné ,* fe donne dans un fens oppofé au fervice *piqué* & *pointé ,* c'eft-à-dire , en foulevant en deffous la balle avec la raquette ; cette balle , ainfi pouffée , en retombant du toit , s'approche d'abord du joueur dans fa portée contre le mur , & enfuite s'éloigne tout-à-coup de lui , c'eft le fervice , qui , par fon effet , furprend le plus un commençant , & le met plus fouvent en défaut.

En donnant le fervice *roulé ,* l'on tâche de proportionner la jetée de la balle , de forte qu'elle ne puiffe prefque pas porter contre le *mur du* fervice.

Article XVII.

Toutes les manieres de donner ces efpeces de *fervices ,* peuvent fe varier à l'infini ; mais les plus difficiles font ceux qui , en retombant , prefque en ligne droite , contre le mur du *fervice ,* ôtent au joueur la facilité de donner à fon coup l'extenfion néceffaire ; alors il ne peut que jeter la balle en hauteur à fon adverfaire , qui profite de cette portée aifée pour lui renvoyer un coup difficile.

L'on appelle *fervice de pied ,* celui dont la

balle , dans fa tombée du *toit* , s'amortit au pied du *mur* & du *carreau* , fans faire aucun effet. Celui qui reçoit ce *fervice* , doit , d'après fon jugement, pour éviter cet incident , prendre la balle de volée à la defcente du *toit*.

Cette maniere de prévenir la balle débarraffe dans mille occafions le joueur des inquiétudes que lui donneroient les hazards dont il peut fe douter.

Chaque joueur peut avoir fon *fervice* particulier ; mais les forts joueurs , maîtres de diriger leur balle, varient leurs *fervices* à chaque inftant : l'on dit , ce *joueur a un mauvais fervice* , *imprenable* ; & de deux joueurs , d'ailleurs de force égale , celui qui dans le courant d'une partie , donne un fervice difficile, a plus de *demi-quinze* fur l'autre ; parce que , gênant fon adverfaire dans fon premier coup, il l'oblige à renvoyer mollement la balle ou d'une façon incertaine , de forte qu'il peut , à fon tour , lui décider un coup difficile. Ainfi celui qui fert doit donc forcer fon adverfaire à ne pas lui donner le *coup* qu'il peut craindre ; car fi celui qui prend le fervice a une chaffe courte à tirer , il tâchera de couper la balle ; fi c'eft une grande chaffe , il voudra donner de la force à fon coup & tirer, comme on dit, *à plein fouet*. Le fervant doit donc s'efforcer de le gêner par fon fervice, de fa-çon qu'il ne puiffe pouffer la balle fuivant fes intentions.

Quoique la grande habitude procure de la facilité à juger toutes fortes de *fervices*, il y a néanmoins des joueurs qui fe font étudiés particuliérement à en donner de mauvais ; ils ont par là, comme j'ai dit, un grand avan-tage : c'eft un point effentiel, mais trop né-gligé de la plupart des amateurs ; car tous les *Paumiers* qui connoiffent, pour leur profit, l'utilité des *mauvais fervices*, réfervent leur fcience à cet égard pour l'occafion; & puif-qu'ils peuvent par là ébranler des joueurs les plus expérimentés, ils font, à plus forte rai-fon, affurés d'abufer de l'inexpérience des commençants.

Article XVIII.

Si celui qui fert ne fait pas paffer la balle qu'il envoie fur le toit, au de là de la raie du dernier, du côté du fervice, ou fi fa balle ne touche point le toit, il fait faute de *l'une* ou *l'autre maniere* ; s'il tombe deux fois de fuite dans le même cas, *il perd quinze*: le marqueur crie : *faute*, deux *fautes*, &c.

Un joueur peut refuſer de prendre un ſervice , pourvu qu'avant *d'avertir qu'il n'y eſt
pas* , il n'ait fait aucun mouvement pour aller
à la balle ; mais il ne peut en refuſer deux
de *ſuite.*

A R T I C L E   X I X.

Une balle , pouſſée par le joueur qui prend
le ſervice , & à laquelle ſon adverſaire a laiſſé
faire deux bonds ſur les carreaux , ſans la relever , forme une chaſſe plus ou moins longue ;
cette chaſſe eſt fixée par les *numéros* qui ſont
à contre-bas *des murs* , vis-à-vis la raie du
carreau ſur lequel la balle retombe de ſon ſecond bond. Le premier carreau des chaſſes eſt
celui qui eſt contigu au mur du fond du jeu
ou de la batterie du *dedans.* L'on dit chaſſe un
carreau , deux carreaux.

Un joueur qui ſert ſon adverſaire eſt toujours
placé du côté du *dedans* ou de *l'ais.* J'entends
par le mur du fond du jeu , celui qui exiſte dans
toute ſa hauteur & largeur dans les jeux de
quarré , & au bas duquel ſont placés , de chaque côté , le *trou* & *l'ais ;* parce que dans le
fond des jeux de *dedans* , la balle ne peut porter que contre les batteries du *dedans.*(Art.V.)

Je dois dire , pour l'explication des chaſſes , que la balle eſt toujours ſuppoſée en l'air dans les effets de ſes bonds , contre les murs , ſoit par *bricole*, ſoit par *portée*, & qu'il n'y a que ceux qu'elle forme ſur les cárreaux qui décident du gain ou de la perte des coups des joueurs: l'on doit ſavoir qu'il eſt inutile de la relever , dès qu'elle a touchée deux fois les carreaux.

Lorſque celui qui donnoit le ſervice a laiſſé faire deux chaſſes , les joueurs doivent alors changer de poſition & de côté du jeu , en paſſant la corde ; c'eſt-à-dire , que celui qui ſervoit doit paſſer du côté de lagrille , pour recevoir à ſon tour le ſervice, parce qu'il eſt obligé de tirer les chaſſes qu'il a laiſſées faire à ſon adverſaire , qui paſſe en même temps du côté du *dedans* ou de *l'ais* pour le ſervir, & je ſuppoſe que ce ſoit des chaſſes *de trois carreaux* ou *de cinq* , & que ce ſoit celle de trois carreaux que le joueur doive tirer la *premiere*. Pour la tirer à ſon avantage, il faut qu'il faſſe enforte de donner à ſa balle une impulſion ſi proportionnée qu'elle puiſſe ſurpaſſer dans le trajet de ſon ſecond bond la ligne de trois carreaux , ou que ſi elle porte contre les murs ou *batteries* du fond du jeu , elle n'outre-paſſe pas en revenant le dehors de la même ligne de
trois

trois *carreaux* ; car au contraire il perd la chaſſe , ſi dans le premier cas il n'a pas donné à ſa balle un mouvement capable de lui faire ſurpaſſer, du ſecond bond, cette ligne ; & dans le ſecond cas, ſi, par un coup trop violent, ſa balle portant contre les murs ou batteries du fond du jeu outre-paſſe en dehors cette même ligne ; il en eſt de même de la chaſſe *cinq carreaux* & de toutes les autres, & tout joueur qui perd une chaſſe perd *quinze*.

L'on peut donc concevoir que de quelque maniere que le joueur tire une chaſſe , il faut, pour qu'il la gagne , que le ſecond bond de ſa balle ſe fixe en *dedans* de la ligne ou numéro qui marque la chaſſe.

Le dedans de la ligne d'une chaſſe eſt tou-jours du côté du *mur du fond*, & le dehors eſt du côté de la corde.

Je prévois bien qu'il n'y a que ceux qui ont quelques connoiſſances ſur ce jeu qui peuvent aiſément m'entendre ; car le Lecteur indiffé-rent peut ne pas comprendre comment une balle gagne une *chaſſe*, en ſurpaſſant le nu-méro d'un *carreau*, ou en retombant *avant*. Il y a bien des détails, dans l'objet que je traite, qui ſont inintelligibles pour ceux qui

D

ne font jamais entrés dans un jeu de Paume,
& quelques féances d'exercice inftruifent mieux
que toutes les explications idéales.

ARTICLE XX.

Un joueur qui reçoit le fervice, & qui
doit tirer une chaffe, tâche de diriger le coup
de fa balle fuivant toute fon intelligence ; &
fon adverfaire doit juger promptement fi cette
balle, *dans fon jet*, fera les effets défignés
pour gagner la chaffe ; alors il doit fe porter
à fa rencontre, le plus vîte poffible, la prévenir de *volée* ou de demi-volée, ou la relever
après fon premier bond *contre les murs* ; s'il
renvoie la balle fans mettre *deffous*, à celui
qui a tiré la chaffe, celui-ci eft obligé de juger,
à fon tour, des effets de la même balle, & de
la rejouer encore, avec toujours l'intention
de gagner la même chaffe ; ainfi, l'un attaque
la chaffe & l'autre la défend : les coups fe repe-
tent de part & d'autre, jufqu'à ce qu'un des
des deux joueurs *faffe faute*, & ils peuvent faillir
de plufieurs manieres ; fi celui qui défendoit la
chaffe, l'a laiffé gagner, ou s'il *met deffous*,
ou en *haut des filets*, alors il fait gagner quinze
à fon adverfaire, qui, auffi de fon côté, peut
tomber dans les mêmes erreurs, fi fa balle perd

la chaffe, s'il ne la releve pas quand elle lui eft renvoyée, ou s'il l'a met *deffous*.

Plus les chaffes font courtes, plus elles font difficiles à gagner, (*voy.* Art. XVIII.) parce qu'elles donnent moins d'efpace au joueur pour y placer fa balle, à laquelle il doit donner une impulfion, pour ainfi dire, mefurée, & dans ces occafions, il eft obligé, néceffairement, de la *couper*, pour lui faire rendre l'effet défiré. J'ai dit que cette maniere de la frapper, rendoit la portée de fes bonds plus courts & plus amortis (Art. IX) ; mais cette fcience n'eft qu'une fuite d'une pratique répétée ; les habiles joueurs, même dans la continuité de leurs coups, ne peuvent pas toujours couper la balle. Il refte cependant à tous les joueurs une autre reffource pour gagner les chaffes courtes, & c'eft celle qu'ils prennent le plus fouvent. (J'ai donné la defcription du *dedans* & celle du *trou* & de l'*ais*, dans les jeux du quarré), (*voy.* les Art. II & III). L'on fait que celui qui fait entrer une balle dans ces ouvertures gagne *quinze* ; ainfi, fi un joueur, qui a une *chaffe* courte à tirer, fait entrer, malgré fon adverfaire, fa balle de volée dans le *dedans* ou dans le *trou*, il gagne la chaffe ; mais il ne peut la gagner contre l'*ais*, qu'en la frappant d'un coup de *volée*. L'on comprend que pour réuffir dans ces fortes de coups , il faut être accoutumé à donner à fa balle une direction prompte & jufte , puifque le joueur qui manque fon but , perd la *chaffe* , & par conféquent *quinze* (*voy*. l'Art. XIX).

L'on appelle chaffe au pied, celle dont la balle , dans la portée de fon fecond bond , eft tombée au pied du mur, & pour la gagner , il faut néceffairement que le joueur faffe un coup de *dedans* , de *trou* ou d'*ais*.

Les longues chaffes , contenant plus de carreaux dans leur efpace, font auffi plus faciles à gagner ; & il eft bien plus aifé à un joueur de faire entrer fa balle dans l'étendue de $\frac{7}{7}$, $\frac{6}{8}$ ou $\frac{5}{6}$ carreaux que dans celle de $\frac{2}{3}$ de $\frac{2}{2}$ ou d'un carreau.

Article XXI.

Une balle qui n'entre pas au-delà de la raie du *dernier* du côté du fervice , fait chaffe devers le jeu (Art. XII , XIII). Il fuffit pour gagner cette chaffe , que celui qui prend le fervice, faffe paffer feulement fa balle pardeffus la *corde* , s'il ne peut jouer autrement.

Cette *corde*, tendue au milieu du jeu, eſt une barriere reſpectable pour les joueurs ; c'eſt un but qui détruit ou éleve leurs eſpérances, & quoiqu'ils ſachent qu'elle devient un écueil pour eux, s'ils mettent *deſſous*, ils tâchent toujours de pouſſer leur balle à *fleur* de ſa *hauteur*.

CHAPITRE IV.

De l'effet du Tambour, des coups de Bricole & du Dedans, de la Volée, & de la Demi-Volée.

Article XXII.

TAMBOUR.

LE *tambour*, qui exiſte dans les jeux de *dedans*, eſt une conſtruction ſinguliere, plutôt inventée pour exercer l'adreſſe d'un joueur, par les difficultés qu'il doit vaincre, que pour l'agrément du jeu. J'ai dit (Art. IV) que c'étoit un double *mur* adoſſé contre le grand mur, qui, formant un avance d'un pied & demi de large en continuité de la *grille*, ſe terminoit dans toute ſa hauteur par un pan oblique ;

l'effet de la balle qui frappe différents points du *tambour*, eſt de ſe porter en avant dans le jeu, du côté de la *raie* du *dernier*; celle qui frappe le *tambour* de hauteur ſur la partie de ſon plan, la moins oblique, revient porter contre la batterie du *dernier*; elle donne alors le temps de juger de ſon effet; mais ſi elle le frappe plus bas & ſur l'extrémité de ſa coupe, les coups ſont d'autant plus difficiles à juger que la balle ſe jette en arriere du joueur ſans preſque s'élever; & c'eſt bien pis, ſi, touchant avant le grand mur, elle frappe après le *tambour*; ce contre-coup ſuivant le dégré de vîteſſe qu'elle a reçue, la fait porter contre les angles des *murs* oppoſés à celui de la *grille*.

L'on peut concevoir combien une balle, pouſſée de tant de manieres, & frappant, en tous ſens, les différents points d'un tel plan, fait éprouver au joueur des effets ſinguliers & équivoques; ſi l'on penſe encore que l'obliquité des *tambours* varie dans tous les jeux de Paume, de ſorte qu'un joueur ne peut jamais fixer ſon jugement à cet égard d'une façon invariable; & il y a des *tambours* dont la coupe eſt ſi évaſée, que le coup-d'œil du joueur le plus expérimenté, ſe trouve abuſé; en ce qu'il croit que la balle frappera le *tambour*, & qu'elle ne fait que filer devant ; de forte que dans fon incertitude , il ne peut fe porter à fon effet.

Un grand nombre de joueurs, pour s'éviter ces inquiétudes s'accoutument à prévenir les coups de *tambour* par la volée , & pour marquer l'adreffe d'un joueur, l'on dit qu'*il releve la balle du pied du tambour.*

Il y a des jeux de *dedans* où le *tambour* n'eft point établi , & ils paroiffent plus agréables , parce que la balle , qui porte fuivant la même direction , contre le mur de la *grille* , peut être relevée plus fouvent.

Il n'y a point de *tambour* dans les jeux du *quarré* , & ils ne font pas éprouver de ce côté des hazards fi inquiétants , car le *tambour* eft auffi la pierre d'achoppement des joueurs.

Article XXIII.

Le coup de *bricole* eft donné par le joueur, quand il pouffe fortement en hauteur contre les grands *murs* , fa balle, qui, par réflexion, eft renvoyée de l'autre côté du jeu, & forme, fuivant fa jetée , différents angles obliques ; mais en retombant fur le carreau elle forme tout-à-coup un angle prefque droit , & le joueur inhabile, qui croyoit juger de son effet en suivant sa *ligne d'incidence*, se trouve, pour ainsi dire, étouffé par la balle qui lui vient contre ; il n'est pas cependant prudent à un joueur de répéter ces sortes de coups, à moins qu'il ne croie par-là prendre le défaut de son adversaire, outre que ce sont ceux qui, par un peu d'habitude, se jugent plus promptement. Le renvoi d'une balle, dans cet effet, devient difficile à relever, pour celui qui a tiré la *bricole* ; l'on dit d'un joueur, auquel ce coup est familier, *qu'il a un coup de bricole*. L'on appelle grand coup de *bricole* celui dont la balle, après avoir frappé le grand *mur* de hauteur, va faire son effet contre les angles des *murs* opposés, & forme la figure d'un *trapeze*.

Celui qui, du côté du *service*, tire le *dedans*, peut y faire entrer la balle de plusieurs manieres, & chaque coup, poussé dans cette ouverture a une dénomination différente, suivant l'impulsion qui l'y a dirigé ; l'on appelle coup de *dedans simple*, celui dont la balle y est poussée en ligne directe ; *coup de bosse* celui dont la balle, après avoir bricolé contre le *grand mur* se jette obliquement dans le *dedans* ; *coup de breche*, celui dont la balle entre directement

tement dans le dedans , près de fes encoignu-
res ; *coup de poteau ,* celui dont la balle frappe
le poteau qui partage le dedans, & *coup de cavaffe ,* celui dont la balle , frappant par bricole
le mur du dernier , fe jette obliquement dans
le dedans : l'on donne à ce coup le nom de
cavaffe , parce qu'un Paumier de ce *nom* , le
tiroit toujours avec fuccès.

Ainfi tout joueur qui frappe *l'ais* de volée
avec fa balle ou la fait entrer dans le *dedans* ou
dans le *trou* , gagne *quinze* fur fon adverfaire;
qui de même , à fon tour , gagne *quinze* fur
celui - ci, s'il renvoie la balle dans *le dernier du
côté du fervice* ou dans la *grille.* — Voy. Art.
IV.

A R T I C L E XXIV.

L'on appelle parer la balle de volée , quand
on la repouffe avec la raquette, tandis qu'elle
eft encore en l'air : la prendre de *demi - volée ,*
c'eft la relever , en la devançant , dès fon premier bond , lorfqu'on eft inftruit fur l'effet
des balles qui portent contre les murs ; il eft
d'autant plus effentiel de s'exercer à parer les
balles de *volée* ou de *demi-volée* que cette fcience
commence à établir la force d'un joueur. Il
prévient ou releve , par cette méthode, les

coups de balle les plus difficiles qu'il ne pourroit mettre *deſſus* , après leur *portée* , puiſque
ces balles ſont coupées & font peu d'effet
dans leurs bonds. L'on releve la balle de *demi-
volée* , avec peu de force , ou en employant
beaucoup ; il en faut peu quand elle parcourt
le milieu du jeu, & en mettre beaucoup , dès
qu'elle file contre les *batteries* ou le *grand mur*;
parce qu'alors il faut lui communiquer un double effet , en la faiſant bricoler contre le mur,
de façon qu'elle puiſſe acquérir le point d'élévation néceſſaire pour paſſer pardeſſus la *corde*.

Si le joueur ne rabat ſon coup, en parant
la balle de volée , elle s'éleve ordinairement
plus qu'il ne veut. Il doit , pour la rabattre ,
tourner ſa raquette verticalement , ſoit *d'a-
vant-main* , ſoit *d'arriere-main*; mais pour relever à *demi-volée* les coups coupés , il faut
qu'il tourne au contraire ſa raquette un peu
horizontalement pour donner de l'élévation
aux balles qui tendent à s'amortir ſur le carreau.

CHAPITRE V.

*De l'attitude convenable à un joueur de Paume
& des qualités requises pour devenir fort
joueur & du juger de la balle.*

ARTICLE XXV.

ATTITUDE D'UN JOUEUR DE PAUME.

UN joueur, avec le temps, peut acquérir à
la Paume une certaine force, suivant ses facultés naturelles ; mais l'on ne peut établir
une regle constante, ni sur la maniere de tenir sa raquette, ni sur l'attitude convenable
pour relever la balle, suivant les occasions.
La nature indique souvent au joueur, mieux
que tous les préceptes, l'attitude qui lui donnera plus de force & de moyens. — Nombre
de joueurs, malgré les avis qu'ils ont reçus,
se font faits une maniere de tenir leur raquette
& de se porter à la balle : ils ont reconnu
qu'en s'efforçant d'imiter l'attitude des autres, ils
perdoient de leur force; ils ont donc continués
de prendre celle qui leur procuroit, suivant
leur organisation, plus de sûreté & d'aisance.

Les jeunes gens qui s'adonnent à cet exercice y ont plus ou moins de difpofitions ; l'on
voit que ceux qui ont un jeu de force ont
moins de foupleffe dans les inftants où il ne
faudroit que de l'adreffe & de la rufe. Les uns
ploient le corps & fe retournent comme des
ferpents ; les autres courent tout d'une piece,
& font roides dans leur développement ; les
uns brillent dans les coups d'*avant-main* & font
foibles de l'*arriere-main*, ceux qui ont une volée fûre ne relevent pas facilement la balle ,
d'autres relevent bien la balle & n'ont point
de volée. Une autre fingularité c'eft que l'effet
du jeu & de la portée d'une balle dépend beaucoup du tour de poignet qu'emploie ordinairement le joueur pour la pouffer , & l'on voit
un joueur , d'une force médiocre , tirer fon
premier coup , de maniere à embarraffer les
plus expérimentés : fi ceux-ci ne peuvent relever la balle , ils difent par orgueil qu'elle a
fait *hafard*. Ces différents effets viennent donc
de la coutume que les joueurs ont adoptés pour
tenir leur raquette. Les paumiers ont beau
dire qu'il y a des préceptes dont les commençants ne doivent point s'écarter : tout le monde
a vu des joueurs tenir leur raquette à-peu-près

comme au jeu de volant & donner de cette façon , fur-tout de volée , des coups imprenables.

Il en eft de la combinaifon de cet exercice
comme de celle des inftruments , l'on voit des
artiftes bons muficiens , mais qui ne peuvent
réuffir , ni dans l'exécution ni dans la compofition ; d'autres qui compofent & exécutent
bien , fans être grands muficiens ; mais l'ar-
tifte ne devient célebre que lorfqu'il a fes deux
difpofitions réunies.

Un joueur de Paume peut avoir de grands
moyens pour devenir habile ; mais il peut avoir
auffi des défauts qui portent obftacle à de
grands fuccès ; s'il a un beau développement &
de la légéreté pour courir à la balle il eft empor-
té par fa vivacité , ou il manque d'un jugement prompt pour deviner le point où il doit
fe placer pour relever la balle ; s'il a cette fa-
gacité , fi effentielle du côté du jugement , &
le fang-froid néceffaire pour ne point s'é-
tourdir , il n'a pas toujours la force & la vigueur pour réfifter à un mouvement violent,
tel qu'exige l'action de relever des coups de
balle , précipités & réitérés au même inftant.
Ainfi les difpofitions d'un joueur à la Paume

font fouvent affoiblies par les qualités de fon tempérament. La trop grande vivacité lui eft auffi nuifible que la foibleffe ; car d'un côté il fe précipite trop fur la balle, & de l'autre il n'a pas la force de s'y porter long-temps & il eft bientôt *hors d'haleine.*

. Il faut qu'un joueur foit toujours à plomb fur fes jambes pour raffembler fes forces fur le coup qu'il doit jouer ; fi fon corps eft chancelant, il ne peut relever la balle qu'avec molleffe ou d'une façon incertaine, & par conféquent eft expofé à mettre *deffous.*

Les jeunes gens fufceptibles de plus de progrès font ceux qui ont affez de fang-froid pour combiner promptement les effets des coups de balle & affez de force & d'haleine pour fe porter long-temps à leur rencontre. Une forte poitrine qui procure une longue haleine eft le meilleur don que la nature ait accordé à ceux qui aiment les jeux d'exercice ; cette faculté leur conferve dans l'action l'ufage & la force des autres moyens ; car un joueur qui poffede de bons poumons a un grand avantage à ce jeu fur celui, qui, obligé de reprendre haleine, dans l'intervalle des coups, fent bientôt fes forces s'épuifer.

Article XXVI.

Du juger de la balle.

Toutes les balles que les joueurs, dans leurs parties se renvoient, parcourent, avec plus ou moins de vélocité, tous les points de l'espace d'un jeu de Paume ; elles décrivent en différents sens, suivant leur jet, des lignes, des courbes & des angles de tout genre ; mais il ne faut pas que le joueur attende l'instant de ces réactions pour courir à la balle. Il doit avoir prévu, dès qu'elle est partie de la raquette de son adversaire les lignes, les angles qu'elle va former suivant l'impulsion qu'elle a reçue, & alors sa décision, pour s'y porter, devant être aussi prompte que son coup-d'œil, il doit saisir avec célérité le point juste où elle doit être relevée avant qu'elle soit retombée deux fois sur le carreau.

Cet article-ci est la base de toute la science du joueur, c'est en jugeant promptement des effets successifs d'une balle que l'on est plus à même de se placer pour la renvoyer. L'habitude du jeu peut donner à un certain point cette intelligence ; mais les dispositions naturelles y font faire plus de progrès. L'on voit d'anciens joueurs bien relever quelques coups

de balle ; mais dont le jugement eſt en défaut , dès que ſes effets ſont plus compliqués
ou précipités. L'on en voit d'autres avoir le
talent de bien juger ; mais , qui, comme je l'ai
dit , n'ont pas l'énergie néceſſaire pour décider long-temps la balle ou qui ſont *fautifs*.
L'on ſent donc que pour devenir bon joueur
de Paume , il faut être un peu ſecondé par la
nature : une bonne vue eſt très-eſſentielle ;
ceux qui ont la vue courte riſquent d'être frappés par une balle pouſſée avec violence &
dont ils n'ont point apperçu la venue. Les *lu-
nettes* ou *beſicles* à *branches* peuvent bien ſup-
pléer aux vues foibles ou miopes ; mais l'on
peut bien croire que c'eſt la paſſion du jeu qui
oblige un amateur à employer ces reſſources.
Le ſieur *Maſſon* , paumier de la rue *de Grenelle, St.-Honoré* , ſe ſert de ces ſortes de lu-
nettes & cependant joue bien.

Deux joueurs , un peu habiles, qui ſont une
partie de Paume , ne cherchent point à s'a-
muſer réciproquement , comme en *pelottant* ,
ou à ſe renvoyer la balle à leurs portées , ils
emploient au contraire la ruſe & l'adreſſe pour
ſe tromper mutuellement. Celui qui prend le
ſervice tâche de tirer ſes premiers coups dans

les

les endroits du jeu où il croit son adverſaire moins expérimenté pour relever la balle. Il eſt donc eſſentiel à un joueur d'être attentif à l'attitude que prend ſon adverſaire , & de preſſentir ſon intention quand il pouſſe la balle , afin de ſe décider lui-même promptement ſur le mouvement qu'il doit ſuivre.

Quoiqu'il y ait des joueurs ruſés qui font ſemblant de ſe placer de maniere à faire croire qu'ils vont envoyer la balle dans tel point du jeu , & qui tout-à-coup, par un tour oppoſé du poignet, lui font prendre une direction contraire : ils ne peuvent cependant exécuter cette ruſe que quand la *portée* de la balle leur donne beau jeu pour réuſſir.

Article XXVII.

Lorſque du premier coup-d'œil un joueur a fixé ſon jugement ſur la direction d'une balle qui lui eſt envoyée, il doit, pour ainſi dire, devancer le coup, & ſe placer de façon que ſoit d'avant-main , ſoit d'arriere-main , il regarde toujours la balle de côté. Il y a même des joueurs qui ſemblent tourner le dos à la balle en la jouant d'*arriere-main* , & ce ne ſont pas ceux qui jouent le plus mal. Cette poſition donne au poignet un élan favorable : c'eſt ainſi qu'un

F

tireur de fronde tourne fon corps un demi-
tour en arriere pour donner plus de vélocité
à fon jet. Deux joueurs font donc attentifs à
profiter l'un & l'autre de leur pofition , pour
en tirer *avantage* , en fe prenant tour à tour
leurs défauts. Prendre le défaut de fon joueur,
en terme de Paume , c'eft lui pouffer la balle de
maniere que fuivant fa pofition il ne puiffe ,
ni aifément fe porter à fa rencontre , ni même
la juger ; l'on dit : *il a pris le défaut de fon
joueur* , parce qu'il a pouffé la balle dans l'endroit même où fon adverfaire ne l'attendoit
pas , & où il étoit déplacé, foit trop *en avant* ,
foit trop *en arriere* ; car un joueur qui a découvert que fon adverfaire attend fa balle d'un
côté , la décide de l'autre ; & fon adverfaire à
fon tour tâche , en la relevant, de lui déguifer
l'endroit du jeu où il va la renvoyer.

Comme chaque *faute* que fait un joueur ,
vaut *quinze* pour l'autre , ils emploient tous
deux à chaque inftant la rufe & la force pour
s'y faire tomber réciproquement , *en décidant*
ou coupant la balle de *coin en coin* ; l'on dit :
il fait courir fon joueur de coin en coin. Il n'y
a que des joueurs déjà très-exercés qui foient
maîtres , en donnant leur coup , de décider

de la balle, & ils la décident, ou par des coups d'autorité, ou en prenant les défauts de leurs joueurs. L'on gagne un *quinze* d'autorité, soit en envoyant par violence la balle dans les *ouverts*, ou contre l'*ais*; soit quand pour gagner une chasse l'on donne, avec force, à la balle une impulsion si précipitée que le joueur ne peut à temps s'y porter : un joueur qui se trouve pris en *défaut* par sa position n'a d'autres ressources que dans la vélocité de ses jambes, & quoiqu'il puisse rarement dans ces circonstances avoir l'avantage de décider la balle, il doit être content s'il met *dessus*. Il y a des joueurs qui veulent persuader aux spectateurs que la balle a fait *hazard*, lorsqu'ils ont été pris en *défaut*, ou qu'ils n'ont point jugés son effet; mais les spectateurs incrédules disent au contraire, que *la balle a fait hazard au jugement* : ce qui est passé en *proverbe*.

J'ai connu un géometre, joueur assez habile, qui croyoit deviner les angles & les lignes que la balle devoit former, suivant l'impulsion de son jet, & qui prétendoit, lorsqu'il étoit déçu dans son attente, qu'il falloit tout attribuer au *hazard*, & non à son erreur.

L'on prend encore le défaut de son adverfaire , en l'attaquant du côté de ſes moyens les plus foibles ; s'il a de la peine à relever la balle de *l'arriere - main* , on l'attaque de ce côté ; s'il n'a pas une parade de volée on l'attaque dans les *ouverts* , & s'il n'eſt pas exercé à la demi-volée on l'attaque par la balle *coupée.*

Article XXVIII.

Une balle qui frappe les murs des batteries des *ouverts* , fait des effets plus ou moins dif-ficiles à juger ; ſi elle frappe d'abord le mur elle forme enſuite ſes bonds ſur les carreaux , ou elle file du premier bond ſur les carreaux avant de frapper le mur des batteries ; dans le premier cas elle doit être relevée après ſon premier bond dès qu'elle a quitté le mur , & dans le ſecond cas il faut ſe placer de façon à oppoſer ſa raquette, dès qu'elle ſe détache du mur pour prévenir ſon ſecond bond : l'on ſent qu'une balle coupée eſt plus difficile dans ces occaſions à relever (*Voy.* Art. IX) ; ce ſont auſſi les coups qui font mettre le plus *deſſous,* ſur-tout quand on eſt obligé de défendre une chaſſe que la balle va gagner.

Un joueur qui s'attache à connoître la mé-thode & la poſition de ſon adverſaire , dans fa façon de jouer, peut juger plus facilement l'endroit où il lui renverra la balle, & fe placer en conféquence , à moins qu'il ne joue contre de forts joueurs, accoutumés à détourner leurs coups par une attitude fimulée.

L'effentiel encore eft d'arriver au point où il faut relever la balle par le chemin le plus court , ce que les joueurs fameux entendent parfaitement ; ce qui fait dire, par le peu de mouvement qu'ils font , que *la balle vient les trouver.*

C'eft une mauvaife habitude à un joueur de fe tenir au fond du jeu pour attendre la balle ; cette pofition l'oblige trop fouvent à s'avancer deffus elle, & il ne peut prendre par ce mouvement une attitude affurée pour la décider : il y a certainement une place plus avantageufe qui met le joueur à même de fe porter plus vîte aux différents effets de la balle ; cette place , je crois , doit être de chaque côté du jeu un peu en dedans de la raie du *dernier ;* il peut plutôt dans cette fituation prévenir les coups par la volée, ou la demi-volée ; s'il prévoit que la balle portera contre les murs du fond , il lui eft aifé , fuivant fa portée de fe reculer , & fi par fon jet elle file contre les batteries ou le grand mur, il lui eſt plus facile auſſi de ſe trouver à ſa rencontre.

La balle, par le mouvement qu'elle reçoit, devient dans le jeu un corps animé que les joueurs ne perdent point de vue : ils l'accablent d'indignation dans les mauvaiſes *chances* qu'elle leur fait éprouver : elle devient leur protégée ſi ſon effet s'accorde avec leur penſée ; c'eſt toujours la balle qui eſt cenſée agir ; c'eſt elle qui *file*, qui *porte*, qui *marque* les chaſſes, qui *eſt relevée*, ou fait hazard, &c.

Pour bien juger des effets de la balle, il faut ſe former un coup-d'œil juſte qui conduiſe l'action de s'y porter, & étudier, ſuivant ſes jets, la réaction de ſes angles ouverts ou rentrants. Un novice, en ſe précipitant ſur les coups, s'embarraſſe, pour ainſi dire, dans la balle, tandis qu'un joueur, dont le jugement eſt exercé, ſe fixe dans un endroit où il eſt aſſuré que la balle, après ſes *ricochets*, viendra le trouver : l'on dit, *ce joueur eſt toujours bien placé à la balle.*

Les joueurs, d'un tempérament phlegmatique, ſont ceux qui ont plus de diſpoſition à bien juger de la balle : leur ſang, qui, dans l'action, circule avec moins de vélocité, que chez les perfonnes fanguines, leur procure plus de préfence d'efprit dans les moments décififs. Les perfonnes trop vives font fujettes à s'emporter fur les coups & relevent fouvent la balle dans le point le moins favorable pour eux, car un joueur en prenant la balle de volée peut donner un coup facile à fon adver-faire, tandis que s'il l'eut laiffé porter il auroit pu la décider plus avantageufement.

Il n'eft pas néceffaire de dire que la maniere d'un *gaucher* de relever la balle eft toute op-pofée à celle d'un *droitier*, l'un releve de l'a-vant-main les coups que l'autre ne peut jouer que de l'arriere-main.

C'eft une bonne habitude de tenir fon corps ployé en courant à la balle ; ceux qui jouent prefque droit font ou *fautifs*, ou mettent fou-vent *deffous*.

ARTICLE XXIX.

Les pierres de taille dont font conftruits les murs des jeux de Paume, font plus ou moins poreufes, plus ou moins dures, & par conféquent font rendre à la balle des effets plus courts ou plus allongés, plus tardifs ou plus précipités. Un amateur, avant de faire partie dans un jeu de Pau-me, où il n'eft jamais entré, doit connoître la

qualité des murs , & quels effets ils font rendre à la balle , fans cette précaution fon jugement fe trouveroit en défaut, puifqu'ayant été
accoutumé à fe placer , fuivant les diftances
des *portées* du jeu qu'il connoît , il fe trouveroit alors dans le jeu nouveau , ou trop près
ou trop éloigné de la balle.

L'on doit auffi imiter la méthode des joueurs
habiles , dans l'art de raccourcir ou d'allonger
leur raquette , fuivant la portée de la balle ;
l'on fent bien qu'une balle coupée qui atteint
le mur du fond du jeu rend des bonds fi peu
élevés , & donne fi peu d'efpace que le joueur
ne pourroit avoir la force de la relever , s'il
tenoit fa raquette au bout du manche ; cette
action dépend du poignet qui coule légere-
ment plus ou moins fur le manche de la raquette ; ces changements faits avec promptitude font invifibles au fpectateur qui n'a l'œil
attaché que fur la maniere dont le joueur releve la balle.

Les notions que je viens de donner dans
cet article, établiffent feulement des principes
généraux fur l'art de juger des effets de la
balle : la théorie à cet égard eft toujours au
deffous de la pratique & de l'expérience ;

l'objet

l'objet même en mouvement éclaircit tout de suite aux spectateurs l'égnime des démonstrations idéales ; & quand je décrirois toutes les figures de géométrie que forme une balle dans ses incidences, ses angles & ses réactions, plus l'effet seroit compliqué, plus la description seroit obscure, en comparaison du spectacle même ; ainsi ce qu'on appelle en termes de Paume : *coups háchés, coups tournés, coups de bricole, coups de tambour*, font rendre à la balle des effets plus simples & plus aisés, ou plus compliqués, ou plus difficiles à juger ; & c'est sur les carreaux même du jeu qu'il faut étudier le résultat de ces variations, & non par les signes que l'on se figure sur le papier. Il seroit, par exemple, impossible d'établir des principes certains pour juger de la balle dans certains jeux de Paume, tels que ceux de *Chálons sur Saône*, ou *de Beaune en Bourgogne* : les batteries ne font point construites en mur, elles font formées avec des plateaux de chêne mal liés ; les carreaux du jeu font de brique rompus, enfoncés en mille endroits, aussi inégaux dans leurs joints que le pavé des rues ; la charpente du plafond ressemble à celle d'un grenier ; la balle poussée

G

en hauteur frappant les poutres de ce galetas retombe fur les carreaux tronqués , & rend des effets fi équivoques qu'un joueur étranger en eft long – temps déconcerté ; fouvent la balle roule pendant quelques minutes fur ces poutres ou s'y arrête ; les deux joueurs alors en fufpens , la tête élevée , fuivent avec un œil fixe, fes mouvements , & attendent le hazard qu'elle va faire ; fi la balle frappe le boifage des batteries , elle imite le bruit d'un coup donné fur une caiffe par un Charpentier.

Le jeu de Paume de *Beaune* reffemble à une écurie , dont on auroit ôté feulement les ratteliers , & pour imiter un plafond on a fimplement fouftrait le plancher qui fupportoit le foin. C'eft cependant dans le jeu de Paume de *Châlons* que s'eft élevé M. *Reverdy*, le plus *fort amateur* qui exifte : il eft à préfumer qu'ayant vaincu par fon jugement la difficulté des effets que fait éprouver à la balle la mauvaife conftruction de ce jeu , & ayant trouvé dans les autres jeux la portée de la balle plus jufte & plus facile pour lui (puifqu'elle s'élevoit davantage), il a fait des progrés plus rapides.

CHAPITRE VI.

ARTICLE XXX.

De la partie sans toucher les murs, & de celle d'un côté.

IL n'y a pas de jeu plus attrayant que celui de la Paume, pour l'amateur qui croit y réussir ; point de jeu en fait d'exercice plus aisé au premier coup-d'œil, & qui soit plus difficile, dans la suite, pour le commençant ; car le jeune homme qui prend la première fois une raquette pour pousser une balle, croit que dans peu de temps il acquerra la même science que ceux qu'on lui cite, & qui sont devenus, à ce qu'on lui dit, assez promptement habiles ; il s'empresse pour courir sur leurs traces de prendre des leçons, & après quelque temps d'exercice il se croit en état de faire partie. Le *Paumier* intéressé à le laisser dans l'illusion qui excite sa passion, ne peut qu'approuver sa pensée, & lui propose de le jouer *d'un côté sans toucher les murs, en le servant sur les deux toits, & lui sauvant encore les ouverts* ; ces avantages paroissent d'autant plus confidérables au commençant que inhabile à régler fon coup , il juge par lui-même de la difficulté de pouffer une balle avec affez de jufteffe , qu'elle ne touche aucun mur , fur-tout quand on eft obligé de la lui envoyer tou-jours d'un côté ; il croit donc pouvoir fe dé-fendre , & même gagner ; car il fuppofe que le Paumier qui parie pour lui ne veut que faire parade de fa fcience. Ce Novice reçoit d'abord quelques coups qu'il met deffus , & plus le Paumier applaudit , plus l'Eleve s'enorgueil-lit , & fe flatte que fon maître s'eft trop ha-zardé : mais le jeune amateur ignore tou-tes les reffources & les rufes qui vont être employées pour le faire tomber en faute. Un commençant met les coups les plus aifés *def-fous* , & à plus forte raifon les difficiles ; il pouffe ordinairement la balle en hauteur , & donne par-là beau jeu au *Paumier* qui la lui renvoyant où il veut , & comme il veut , n'eft point embarraffé de gagner les *quinze*. Cepen-dant pour allécher fon *pigeonneau* il ne tire pas tout de fuite parti de fa fcience , il lui laiffe prendre des jeux d'avance , & quelque-fois une partie ; il tire comme forcé les coups qui lui font défendus ; il envoie fa balle du côté

qui lui eft interdit, ou contre les murs des *bat-*
teries , ou dans les ouverts, & fe récrie fur
la difficulté de la partie ; il careffe , pour ainfi
dire , fon Eleve en lui jetant la balle à fa portée ; mais tout ce *patélinage* n'eft que pour
mieux mafquer fa perfidie ; car le jeune amateur qui fe pavane de fon fuccès, & croit qu'il
n'aura pas des coups plus difficiles eft bientôt
étourdi de ne pouvoir relever un coup de balle
plus prompt, coupé ou laché ; de voir la balle
s'élever en l'air , retomber derriere lui, en faifant un effet dont il n'a pas d'idée , ou qui
après fon premier bond s'éloigne de fa raquette, ou contourne dans fes jambes ; l'agitation où le met tous ces effets inattendus l'é-
branle tellement qu'il perd la *tramontane* , &
ne fait fur quel pied fe tenir ; il reçoit encore
par confolation des fervices tournés , dont la
balle après avoir balotté en tout fens fur les
deux toits retombe en *zig zag* près du mur du
fervice , & lui attraperoit la tête s'il ne fe re-
culoit promptement. L'on fent bien qu'au lieu
de mettre deffus il eft occupé à fe remettre
dans une pofition qui puiffe l'empêcher de tomber du nez contre les carreaux (car l'attitude d'un
joueur novice , vacillant fur les effets d'une

balle, reſſemble à celle d'un ivrogne). Souvent le malin *Paumier*, non par tendreſſe
pour ſon Eleve, mais pour l'intimider, lui
pouſſe une balle droit au corps, en lui criant
de *prendre garde*; mais la balle a déjà frappé
ſon ventre ou ſon eſtomac, bienheureux d'a-
voir garanti ſa tête; & comme un des premiers principes à la Paume eſt de ne point
craindre la balle, l'Eleve prend, ſans ſour-
ciller, ce revenant bon comme un garant
de ſa fermeté; il écoute auſſi de temps en
temps la prudence qui l'invite à faire le *plon-
geon*; mais comme cette poſition lui attire les
railleries des ſpectateurs, il ne la répete que
lorſqu'il ne peut mieux faire.

C'eſt ainſi que de faute en faute, agité tour-
à-tour par le dépit ou l'eſpérance il perd deux
ou trois parties de ſuite; en ſe rappelant ſes
ſuccès précédents, il ne peut concevoir que
ſes fautes proviennent de la différence des
coups, qui avant lui avoient paru ſi faciles;
ſa vanité fait le profit du *Paumier*, & il per-
droit vingt parties de ſuite, raſſuré un moment par un avantage qu'il croit que ſes facultés lui procurent, & encouragé en ſuite par
ſon amour-propre qui lui déguiſe ſa foibleſſe,

il commence à attribuer la multiplicité de ſes fautes au *hazard* : mot ſi conſolant pour tous les joueurs, & avec lequel ils perſonnifient leurs erreurs & leur inexpérience.

Enfin le jeune Novice, malgré ces revers, quitte le jeu & ſa raquette avec regrets, & rentre dans la chambre (*Voy.* l'Art. X). C'eſt dans cet endroit que le *Paumier* étale ſa rhétorique pour diſſiper le dépit de ſon Eleve, & lui faire délier ſa bourſe ſans humeur. " Je ne croyois pas, lui dit-il, que vous vous fuſſiez ſi bien défendu, & ſur dix *Commençants* il n'y en a pas deux qui aient autant de diſpoſition que vous : le diable *m'emporte* ſi je vous gagne dès que vous aurez fait cette partie encore deux ou trois fois ; vous avez un bon premier coup, & vous vous placez naturellement au ſervice. J'ai vu même le moment où je perdois la derniere partie; la balle, il eſt vrai, vous étourdit un peu, mais cela n'eſt pas étonnant, vous vous y ferez bientôt; il faut ſeulement vous baiſſer un peu plus, & vous éloigner d'avantage de la balle quand vous prenez le coup, & je ne vous donne pas, ma foi, ſix mois que vous ne deveniez aſſez fort. Le Novice, tout conſolé par ce propos trom-

peur auquel le *Paumier* joint toutes les pan-
tomimes convenables, demande à fon tour fi
dans trois mois il feroit capable de jouer contre tel ou tel ; parbleu ! je vous en réponds,
dit le *Paumier* : je leur ai mis la raquette à la
main , & ils étoient bien plus *niais* que vous ;
mais voyez , il faut que je vous donne fouvent
des leçons de bon matin ; ce que je vous en
dis n'eft pas pour gagner votre argent , mais
c'eft pour vous engager à mieux vous défendre ; je vous mettrai enfuite aux prifes avec
des joueurs qui croiront que vous êtes toujours *mazette* , & auxquels vous ferez voir du
chemin. Ah ! tant mieux , répond l'Eleve,
j'en ferois bien aife ; mais ces vilains coups qui
vont au corps , comment pourrois-je les parer : avez-vous vu comme ils m'ont frappés ?
Oh ! répond le *Paumier* , ce font des bagatelles
auxquelles vous ne devez pas fonger ; tous
les Commençants ont paffés par ces épreuves
avant d'être ferme à la balle. Il nomme, en fe
citant lui-même, tous ceux qui ont reçu, *gratis* , de pareils *horions* , & ajoute que c'eft la
meilleure leçon pour ne point craindre la balle
de la recevoir de cette façon.,, Enfin, le jeune
Amateur donne gaiement fon argent en
échange

échange de ces belles raifons , s'en va content dans l'intention de revenir au premier
jour mettre à profit les préceptes qu'il vient
d'entendre , & dans la perfuafion auffi que dans
quelque temps il n'en aura pas befoin.

Article XXXI.

J'ai oublié de dire , que lorfqu'un *Paumier*
joue un amateur d'un côté fans toucher les
murs , ou d'un côté feulement , c'eft prefque
toujours alternativement du côté des ouverts ,
& de celui du fervice qu'il l'attaque ; & le
Paumier perd auffi *quinze* , fi en jouant quelqu'un fans toucher les murs il renvoie la balle
fur les toits , parce qu'il eft convenu que c'eft
comme fi elle eût touché le *mur*. Un amateur
qui fe fait jouer fans toucher les murs doit
toujours demander qu'on lui fauve les ouverts ,
fur-tout dans les jeux de *dedans* , dans lefquels le *Paumier* tireroit à tout moment la balle,
que l'amateur ne pourroit parer à caufe de fon
peu d'expérience.

Enfin , le joueur qui fe croit plus fort que
l'Eleve , dont nous venons de parler , tombe
auffi dans les mêmes erreurs. Le *Paumier*
le joue par-tout le jeu, *fans toucher les murs,*
& lui fauve *les ouverts* : cet avantage lui paroît

toujours affez grand pour avoir l'efpérance de gagner la partie ; cependant il eft encore dupe de fa préfomption. Il a beau fe tourmenter, fe mettre en fueur, le *paumier* qui paroît ne faire prefque aucun mouvement lui foutire fon argent, de façon à lui faire croire qu'il a toujours perdu par fa faute ; car s'il releve le fervice, il ne peut en mettant deffus que donner un coup aifé au *pau-mier*, qui, maître de diriger la balle abufe de l'inexpérience du joueur, & le met en défaut de toute maniere. Il ne lui montre pas tout-à-coup toute la fupériorité dont il peut fe pré-valoir, pour *amorcer* fon joueur ; il lui envoie d'abord des coups aifés, à cette douceur fuc-cedent bientôt des coups plus difficiles, dont les effets varient à chaque moment ; tantôt la balle eft coupée de *coin* en *coin*, ou vient en biaifant contre les jambes du joueur ; tantôt elle n'atteint que le milieu du jeu, ou eft pouffée plus loin, & tombe après la portée de fon fecond bond au pied du mur, & fait chaffe *demi-carreau* ; l'on fait que le joueur pour la gagner doit faire un coup *de dedans, de trou* ou *d'ais*, & l'on fent bien que fuivant fa force il ne peut y réuffir que par hazard. Ainfi continuellement en action dans le jeu, il eſt toujours incertain dans ſes mouvements; il ſe recule quand il doit s'avancer, & la balle lui vient à droite quand il ſe porte à gauche.

Il eſt vrai que la partie ſans *toucher les murs* eſt une bonne leçon pour apprendre au Commençant à relever la balle; il s'accoutume à ſe ployer, s'étendre, courir de tous côtés, & acquiert l'habitude de s'y porter promptement. Cette partie eſt ſéduiſante pour l'amateur qui eſpere toujours que le *Paumier* perdra *quinze*, en envoyant la balle contre les murs, étant obligé de la faire courir ſeulement ſur les carreaux; mais celui-ci ſe ſoucie peu de cette contrainte; il a tant de moyens pour prendre des avantages, que ſouvent il envoie exprès ſa balle contre les murs pour faire rire ſon joueur; il lui laiſſe même gagner pluſieurs jeux d'avance, ſachant bien qu'il les rattrapera par la méchanceté ſeule de ſon ſervice, que ce joueur ne peut, ni juger ni mettre deſſus, n'ayant aucune habitude de ſon effet pour le prendre *de volée*; ainſi il faut qu'il ſuccombe, malgré toute ſon attention, à tous les pieges qui lui ſont tendus, & aux-

quels il n'eſt pas encore en état de s'oppoſer ;
il doit , pour conſolation , lorſqu'il eſt ſorti du
jeu , ſe contenter du refrein ordinaire du *paumier* qui le loue , en prenant ſon argent , ſur
la défenſe admirable qu'il a faite.

Tout joueur de quelque force qu'il ſoit , &
qui eſt ſpectateur d'une partie, ſe perſuade qu'il
ne tombera pas dans les fautes de celui qu'il
voit jouer ; mais la ſituation du ſpectateur &
de l'acteur ſont bien différentes ; l'un ſans
mouvement , & de ſang-froid ſe porte & ſe
place à la balle par ſa penſée ; il exécute tout
idéalement & à ſa fantaiſie ; mais l'autre toujours en agitation eſt obligé de ſe porter avant
la penſée du ſpectateur au point où la balle
doit être relevée ; s'il reſte une *ſeconde* dans
l'incertitude il ſe trouve déplacé ; il faut au
même moment qu'il juge de la balle , qu'il y
courre, qu'il s'y place , qu'il la releve & la
décide ; il ſent par l'oppoſition de ſa raquette
toute la difficulté du coup dont les variations
échappent à l'œil du ſpectateur; l'on agit toujours bien par idée , c'eſt pourquoi l'on con-
damne, l'on critique ; mais la difficulté eſt de
mettre en exécution nos penſées , nos pro-
jets , ſuivant nos diſpoſitions corporelles.

L'imagination rend tout aifé : c'eft elle qui nous fait parcourir les airs, qui nous tranfporte dans des planettes, dans des châteaux bâtis de rubis & d'émeraudes, & quoique ce foient des vifions, dont notre exiftence femble n'avoir jamais éprouvés la réalité, cependant notre ame dans fes fonges fe plaît à nous rétracer des aventures qui ne font pas peut être fi illufoires, puifqu'elle fait éprouver à notre corps des fenfations de plaifirs & de peines, & dans quelques événements de notre courte vie, nous aurions peut être mieux fait de fuivre la conduite que nos fonges nous avoient tracés ; mais ce n'eft pas le moment de parler de cette métaphyfique, ni de mettre en doute fi nous dormons, quoique nous paroiffions éveillés, ou fi le temps de notre fommeil n'eft pas celui d'une exiftence réelle, puifque c'eft dans ce moment d'anéantiffement apparent que nos facultés animales paroiffent avoir plus d'énergie. Nous montons fur les arbres les plus élevés, nous nous élançons dans des précipices, nous graviffons les murs, nous traverfons les rivieres à la nage, & c'eft dans le cours de ces démarches hardies que notre inftinct paroît plus actif, plus in—

duſtrieux à ſaiſir les moyens les plus convenables pour arriver au but. L'on réfléchit ſur
les actions ſurprenantes des *ſomnambules* ; l'on
avouera que la nature fait tous ſes efforts pour
leur donner pendant leurs accès toute la prudence & la réflexion néceſſaire pour la con-
ſervation de leur être. Ils exécutent des en-
trepriſes incroyables à eux-mêmes, lorſque
leur délire eſt paſſé. Il ſemble que leur ame
ſent plus que jamais ce qu'elle a été, & tout
ce qu'elle peut faire. Elle ſe croit maîtreſſe
des éléments ; mais ſi elle eſt troublée pendant ſon enthouſiaſme par des accidents violents, la crainte & la foibleſſe attachée aux
organes de l'humanité , reprenant leur
empire, l'expoſe alors à toute l'horreur des
dangers qu'elle affrontoit avant avec har-
dieſſe & fermeté. Je peux donc hazarder de
dire, que s'il étoit poſſible que l'on pût envoyer des balles ſuivant l'intention d'un
joueur *ſomnambule* qui ſe trouveroit dans
un jeu où ſa manie l'auroit conduite , on
feroit ſurpris de la ſagacité avec laquelle
ce dormeur ambulant jugeroit de l'effet des
balles, & avec quelle adreſſe il les releveroit.
C'eſt ſon eſprit intellectuel ſéparé du maté-

rialifme qui combineroit, exécuteroit tout. Il jugeroit du préfent, prévoiroit l'avenir. L'on pourroit donc croire métaphoriquement que notre ame faifant toujours fes efforts pour fe débarraffer de fa prifon, trouve dans l'organifation des *fomnambules* plus de facilité à vaincre les obftacles, & quelle en profite pour prendre fon effor, & fe livrer à elle-même.

Mais revenons aux fautes que caufent aux joueurs de Paume, l'amour-propre qui élevent leurs forces dans leur idée ; car plus ils font de progrès dans ce jeu, moins ils conçoivent les reffources que de plus habiles peuvent employer pour les gagner. Un joueur, d'une force médiocre, à la préfomption de déprifer la maniere de jouer de fon adverfaire, qui lui rend cependant avantage. L'on peut avancer que la paffion d'un joueur de Paume ne fe mefure pas fuivant le degré de fa force, mais fuivant fon amour-propre. Le plaifir qu'il a eft un philtre qui l'enivre, il ne fonge pas aux difficultés qu'il doit vaincre, il ne cherche qu'à être applaudi. —Un *Paumier* joue encore un amateur Novice fur les toits ; c'eft-à-dire, qu'il eft obligé, foit en prenant le fervice, foit en relevant la balle de la jeter toujours fur les toits, finon il perd *quinze.* Ceux à qui on fait de telles parties s'appellent des *mazettes*, mais il faut porter ce titre avant de le donner aux autres.

Article XXXII.
De la partie d'un côté feulement.

Un *paumier* ou un fort amateur jouent un autre particulier d'un côté du jeu; c'eft-à-dire, qu'en prenant le fervice ou en relevant la balle de tous les points du jeu de Paume, ils font obligés de la décider toujours d'un feul côté, qui eft ordinairement celui du grand toit & des ouverts. Un *paumier* ou autre joueur qui fait l'avantage à un amateur de le jouer d'un feul côté du jeu, emploie toute fa fupériorité pour le mettre en défaut; s'il voit que fon adverfaire fe tient avancé fur la raie du fecond, pour prévenir les coups par la volée, alors il bricole de hauteur contre les grands murs, la *balle* qui par cet effet paffant derriere fon joueur l'oblige de fe reculer pour la relever; fi au contraire fon joueur fe tient éloigné au fond du jeu, alors il coupe la balle, la fait filer contre les batteries, en lui envoyant des coups lachés, ferrés, de forte qu'il le tient toujours en haleine pour tâcher de l'ébranler,

s'il

s'il s'apperçoit qu'il ait de la parade de l'*arriere-main*, il l'attaque de sorte qu'il ne puisse parer la balle que de l'*avant-main*, & s'il connoît que son joueur s'ébranle par les coups de force, il les répete de toute maniere, soit pour le déplacer, soit pour lui faire mettre *dessous*, & s'il avoit la constance opiniâtre de vouloir devancer les coups par la volée, alors le *paumier* lui jette la balle en hauteur : ce ne sont que des ruses continuelles que le plus fort met en usage contre le plus foible, qui à la fin trompé de mille façons, & fatigué de ses efforts, perd courage.

Cependant l'amateur a quelques ressources pour empêcher le *paumier* de se servir de tous ses moyens de supériorité ; il doit d'abord lui donner un service roulant sur les toits, & si juste, que la balle en retombant donne si peu d'espace entre le mur & le *pau-mier*, que celui-ci, non seulement ne puisse la prendre, ni de volée, ni la tirer en bri-cole, mais se trouve obligé de donner un coup facile ; il doit aussi s'appliquer à couper la balle de *coin* en *coin*, & à tirer souvent le dedans, afin d'inquiéter le *paumier*.

C'est ici qu'il convient d'avertir l'amateur

que l'on joue d'un côté, de la néceffité de parer la balle de volée, & de ne pas s'en-gager dans cette partie, s'il ne s'eft pas exercé à cette défenfe; car fans cette difpofition il ne pourroit jamais prévenir de volée des coups de balles imprénables pour lui dans leur por-tée; c'eft une mauvaife coutume auffi en pa-rant la balle de volée de tenir fa raquette par le bout du manche, qui fait ainfi, dans cer-taines pofitions, l'effet d'un levier. L'oppofi-tion des coups & leur continuité fatigue bien-tôt, & ébranle le poignet du joueur, qui ne tenant fa raquette que d'une façon vacillante met fouvent *deffous*, & il aura la parade plus forte & plus affurée, s'il tient fon poignet un peu avancé fur le manche de la raquette; cette maniere lui donnera plus de facilité à la tourner, fuivant la variété des coups.

Le jeu du dedans eft plus avantageux que celui du *quarré*, pour le fort amateur qui en joue un autre d'un côté; puifqu'il peut gagner des chaffes, en tirant la balle dans le *dedans*, & que le coup du poteau compte en fa faveur; au lieu qué dans le *quarré* la balle portant contre le mur du fond revient vers le joueur.

L'on dit que celui qui en joue un autre d'un

côté, a une supériorité si grande sur son adverfaire, qu'il pourroit lui donner *demi-trente* en le jouant par-tout le jeu.

Il ne faut pas croire cependant qu'un joueur d'une certaine force faffe un grand avantage à quelqu'un, en le jouant d'un côté; l'on ceffera de regarder cet avantage confidérable, **en** penfant aux moyens & aux reffources qu'a un fort joueur rompu aux effets de la balle, & habile à la relever contre un adverfaire inexpérimenté ; car les coups de celui-ci étant peu embarraffant pour le fort joueur qui ne fixe fon attention qu'à placer la balle du côté où il doit la renvoyer, & à prendre le défaut de fon foible adverfaire qui s'étourdit bientôt, & donne dans tous les panneaux.

J'ai connu des joueurs, qui par l'habitude qu'ils avoient prife de faire cette partie, décidoient dans un côté du jeu la balle auffi habilement qu'un *Paumier* ; mais qui n'auroient pas donné *dèmi-trente* par-tout le jeu à celui qu'ils jouoient d'un feul côté.

Un amateur fe fait encore jouer dans les raies de 4, de 6 ou de 8 carreaux ; c'eft-à-dire, qu'il faut que le *Paumier* envoie à chaque coup fa balle en dedans de la ligne du numéro de ces carreaux ; foit que fa balle porte contre les murs ou qu'elle n'y porte pas , de forte que c'eft comme s'il avoit toujours une chaffe à tirer.

DE LA PARTIE DE QUATRE.

ARTICLE XXXIII.

QUATRE joueurs fe mettent deux contre deux pour faire une partie de *Paume* : l'on nomme *premiers* ceux des quatre *joueurs* qui prennent le *fervice*, & l'on nomme *feconds* les deux autres. Celui qui *feconde* du côté du *fervice* fe tient près de la *grille* ou du *tambour*, & celui qui feconde du côté du *dedans* fe place près de l'ouvert du *dernier* ; ce font ordinairement les *feconds* qui dans le courant de la partie fervent les *premiers* ; fi un des deux joueurs placés du côté du *fervice* forme une *chaffe*, ils paffent alors tous deux du côté du *dedans*, de forte que celui qui *primoit* au *fervice* fe place à droite du *dedans* ; de même que ceux qui étoient du côté du *dedans* paffent en même temps du côté du *fervice* ; il eft néceffaire que des joueurs qui s'exercent à une *partie* de *quatre* soient expérimentés à prendre les balles de *volée*, soit pour l'attaque, soit pour la défense; principalement les *seconds* qui doivent prévenir par ce moyen tous les coups de *balle* coupées, qui venant de leur côté ne sont plus à portée de leur *premier* ; car tandis que le second placé du côté de la *grille* s'oppose aux coups de *tambour*, celui qui seconde du côté du *dedans* doit parer les coups que ses adversaires lui tirent contre les batteries ou dans les *ouverts*, de même que celui qui *prime* du côté du *dedans* doit parer les balles qui y sont poussées, ou par *coup de bosse* ou en *ligne directe*.

La *partie de quatre* ne devient amusante pour les acteurs & les spectateurs, que lorsque les joueurs sont assez prudents pour s'entendre dans leur jeu, & assez habiles pour contenir long-temps la balle en l'air, soit par leur attaque, soit par leur défense; mais cet accord & cette circonspection ne se rencontrent qu'entre des joueurs qui ont déjà éprouvés leurs forces, & qui sont assurés de la confiance qu'ils se doivent réciproquement ; si l'on voit communément régner la discorde parmi quatre amateurs qui font cette partie , elle provient du defpotifme que veulent prendre les *premiers* fur leurs *feconds* , & de l'aigreur dont ils affaifonnent les avis qu'ils fe croient en droit de leur donner. Un joueur peut bien fentir fon infériorité , mais fon amour – propre eft bleffé quand on la proclame publiquement : fatigué des murmures de fon affocié , il ne joue que par dépit ou par crainte , & au lieu de prendre intérêt au gain de la partie , il n'eft confolé que lorfque fon moralifeur fait des fautes qui lui font fentir qu'il doit profiter pour lui-même des leçons qu'il donne aux autres ; car dans cette circonftance un *premier* ne fe prévaut fouvent de fa fupériorité , & n'affecte le rôle de *pédant* que pour être maître de jouer fuivant fa volonté & fon plaifir toutes les balles ; mais la fcene change , fi le *premier* s'eft affocié un *fecond* qui fe croyant auffi fort que lui , & n'étant pas d'humeur de fe laiffer maîtrifer veut jouer & fe placer à fa maniere ; la méfintelligence s'établit bientôt entre ces deux joueurs, qui au lieu de fe paffer leurs fautes, & de s'encourager mutuellement fe critiquent tour-à-tour ; les coups que joue l'un ne plaisent point à l'autre ; si celui qui prime veut mettre de la prépondérance dans ses décisions, le second s'en mocque, & court d'avance à tous les coups : la vanité les excitant tous deux, ils se précipitent en même-temps sur la même balle, leurs raquettes se croisent, leurs têtes se heurtent, la querelle s'échauffe jusqu'à ce que le moins entêté cede un moment à l'autre. — Toutes ces dissentions ne tournent pas à l'avantage de ces joueurs, qui pour se venger l'un contre l'autre de leurs *sarcarsmes* mettent tour - à - tour exprès *dessous.* — L'on peut concevoir que des joueurs qui se font à tout moment des reproches ne tâchent plus à défendre leurs intérêts, ni à résister aux attaques de leurs adversaires, ils perdent bientôt la *partie*, & paroissent satisfaits par pique l'un contre l'autre de leur mauvaise fortune. — Cependant un joueur expérimenté est en droit, pour l'intérêt commun, de donner des avis à son *second*, qui les recevra sans sourciller & tâchera d'en profiter, s'ils lui sont donnés avec le ton de la gaieté & de la douceur ; & si ce *premier* fait sacrifier son ambition sur des coups qu'il peut livrer à la fantaisie de son *second*, en

le flattant, s'il les joue bien , ou en l'excufant
même s'il les joue mal , il tirera alors meilleur
parti des difpofitions de fon affocié par les
louanges , & ne lui fera faire que des fautes
par fes gronderies : tout ce que je dis d'ailleurs à cet égard ne regarde que la conduite
des amateurs , & non des *Paumiers* , qui font
obligés par leur état d'avoir de la politeffe
& de la condefcendance , pour les fantaifies
des particuliers.

Mais fur vingt amateurs à peine y en a-
t-il deux auxquels on puiffe accorder le titre
de beaux joueurs , & qui regardent prefque
indifféremment les bonnes ou mauvaifes *chances* qui leur arrivent. Si un joueur de *brelan*
déchire les cartes par impatience , le joueur
de *paume* jette fa raquette contre les murs ,
fe dépite , jure contre lui-même , eft prêt au
moindre foupçon de raillerie de chercher *noife*
à fon affocié ou à fes adverfaires : il confulte
le vifage des fpectateurs , regarde en l'air
de tout côté pour découvrir un objet auquel
il puiffe s'attaquer : le pauvre *marqueur* qui
le fuit des yeux fe doute bien que ce joueur
dans fa colere va s'en prendre à lui , & le
chicaner , ou fur fa voix , ou fa façon de
marquer ;

marquer, il attend de pied ferme la bordée ; mais accoutumé à ces *bourrasques*, il a sa réponse toute prête, & va toujours son train. — Il faut bien se garder cependant de juger fonciérement du caractere d'un joueur de *Paume*, par ses violences & ses discours : l'on pourroit croire dans ces moments que c'est l'homme de la société le plus bourru & le plus incommode ; mais dès qu'il est sorti du jeu, c'est quelquefois dans la *chambre* l'homme le plus doux & le plus aimable ; il s'accuse lui-même de ses défauts, témoigne aux joueurs ses regrets sur ses emportements & les prie d'oublier les propos de sa part qui ont pu les irriter. Il répete cette scene toutes les fois qu'il a joué, parce que les mêmes occasions attaquent son amour-propre & sa sensibilité.

La proportion des forces des joueurs, *en partie de quatre*, se combine difficilement, puisque l'inexpérience de l'un préjudicie tellement à l'habileté de l'autre, que le plus fort joueur, dans ces circonstances, gêné dans tous ses moyens, ne peut réparer les fautes de son second. — Des joueurs qui font *partie, seul à seul*, font libres de se conduire à leur volonté ; ils ne se fient alors que sur leurs propres forces. Il eſt de leur intérêt de ſe porter à toutes les balles & les jouer le mieux poſſible. Comme ils ne peuvent attribuer leurs fautes qu'à eux-mêmes, ils diſpoſent à leur gré de toute leur adreſſe & de leur intelligence ; mais cette reſſource & cette liberté leur devient inutiles, s'ils s'aſſocient un *ſecond* foible ou entêté dans ſa maniere de jouer, ou de ſe placer ; car le *premier*, jouant tout ſeul, auroit mieux relevé & décidé la même *balle* que ſon ſecond met *deſſous*, ou renvoie au hazard. — Des joueurs qui jouent *ſeul* à *ſeul*, doivent ſe porter à tout moment dans tout l'eſpace du jeu ; mais quatre joueurs ſe diviſent cet eſpace entr'eux : l'expérience & la pratique ont établis des principes qui conſtatent la conduite que chacun de ces joueurs doit tenir, ſuivant ſa poſition, pour mieux attaquer & ſe défendre. Ce ſont ces regles, établies par les habiles joueurs, que les amateurs qui croient entendre la *partie de quatre*, ne ſuivent jamais.

Il eſt vrai qu'il eſt impoſſible d'exiger d'eux la même prudence, parce qu'ils ſe méfient des uns & des autres ; mais les forts joueurs ne vont chacun à la *balle* que ſuivant leur po-

fition & le degré de leurs forces refpectives ,
qu'ils ont bien combinées. — Voici à peu près
les regles de la *partie de quatre* , peu fuivies
par ceux qui fe piquent de donner, à cet égard,
des leçons aux autres. — Dès qu'un *premier* a
tiré le coup du *fervice* , il doit s'avancer près
de *l'ouvert du dernier* pour parer de volée les
balles qui y feroient pouffées & en même temps
pour *relever* celles qui feroient coupées du côté des batteries ; il laiffe le fond du jeu à fon
fecond , qui doit fe tenir près du *tambour* pour
parer , auffi de volée , les balles qui viennent
à fa portée, & toutes celles , qui , frappant le
mur du fond par leur réaction violente , parviennent jufqu'à lui. — Celui qui prime du
côté du *dedans* doit fe tenir à droite du *poteau*
de cette *ouverture* & ne s'occuper qu'à parer
les balles qui y font pouffées en différents fens ,
& à relever les balles , coupées ou filées ,
contre le grand mur. (*Voy.* l'Art. XXIII.)
S'il anticipe dans le jeu de fon *fecond* , ce ne
peut être que pour relever le grand coup de
bricole , dont la balle va faire fon effet contre
les angles des murs du *dernier* & du *dedans* :
il doit donc laiffer jouer à fon *fecond* , plus
avancé près de la corde , les autres coups de

bricoles, soit ceux qui ne portent qu'au milieu du jeu, soit ceux qui portent contre les
batteries du *dedans* ou sur les toits ; le *second*
étant placé d'ailleurs pour parer de volée les
balles coupées qui viennent de son côté.

L'on pourroit même établir qu'entre joueurs
de forces égales, les *seconds* doivent aller plus
souvent à la balle que les *premiers*, qui ne peuvent trop se déplacer, crainte d'être pris en
défaut ; car si celui qui *prime*, du côté du *service*, s'éloigne de l'*ouverture* du *dernier*, il ne
pourra plus parer les balles que ses adversaires tâchent d'y faire entrer, & si celui qui
prime, du côté du *dedans*, s'éloigne du *poteau*
ou de la *batterie* du *dedans*, il sera pris en défaut par les *coups de bosse*. (*voy.* Art. XXIII.)
Or les *seconds*, plus avancés dans le jeu, dé-
couvrent, par leur position tout ce qui se passe ;
plus à même de prévenir les balles dans leur
trajet, ils sont libres de reculer ou d'avancer,
suivant les circonstances , & un habile *second*
décide quelquefois du gain d'une partie en
prévenant de volée les coups difficiles qui auroient pu faire tomber en faute son *premier*.
Les joueurs peuvent bien, suivant les *chances*
du jeu, s'éloigner de ces positions ; mais ce

font celles qui leur font plus avantageufes pour l'attaque & la défenfe.

On reproche quelquefois aux feconds de prendre de *volée* la balle d'avant-main ; c'eft encore un prétexte pour leur laiffer jouer le moins de coups poffibles ; car un *fecond*, exercé à cette méthode, fauve à fon *premier* l'incertitude de relever des coups difficiles, & c'eft, quoiqu'on en dife, la *parade* la plus utile.

Un *premier*, chargé par fa pofition de former les *chaffes* & de les tirer pour les gagner, fe prévaut de cette fonction, pour dire que le gain de la partie eft fouvent décidé par la fupériorité de fon coup, en tirant le *fervice* ; cette affertion eft fauffe, puifque l'adreffe & la force qu'il a mis dans fon coup font inutiles, fi le *fecond* qui lui eft oppofé a de l'expérience & lui repouffe violemment la balle, avant qu'il foit remis en place ; d'ailleurs fi ce *premier* reçoit de mauvais *fervices*, il ne peut que donner beau jeu à fes adverfaires ou perdre la *chaffe*, ou mettre *deffous*. Ainfi dans ce cas il ne peut pas faire valoir fa fupériorité à fon *fecond* qui auroit peut-être mieux joué que lui ; car un *premier*, déjà en action en prenant le *fervice*, perd un temps & ne peut fe replacer affez tôt à la défenfe; tandis que le *fecond*, oifif dans ce moment, peut augurer avant, par le mouvement de fes adverfaires de l'attitude qu'ils prennent & de l'endroit où ils vont renvoyer la balle; ainfi ceux qui fecondent peuvent, avec moins de rifque, fe déplacer, que ceux qui *priment*. Cependant ils ne doivent pas trop fe hazarder à s'éloigner l'un du *grand mur* & l'autre de la batterie des *ouverts*, parce qu'ils feroient pris en défaut par les balles *coupées* ou *filées*. Ils doivent tâcher de deviner refpectivement l'intention de leurs adverfaires & en avertir, tout de fuite, leurs *premiers* : ce font, pour ainfi dire, les *fentinelles* du combat; ils forment l'avant - garde & font en butte aux premieres attaques. Les joueurs ont entr'eux un cri de guerre, & s'avertiffent alternativement des balles que l'un ou l'autre doit jouer, par ces mots : — *à vous*, ou *à moi*. — Celui qui prime, en criant à fon fecond, *à moi*, l'avertit de refter tranquille & de lui laiffer jouer le coup; & quand il lui dit : *à vous*, — c'eft pour l'avertir de jouer. Celui qui *feconde*, crie de même à fon premier, *à moi* ou *à vous*, fuivant les incidents du jeu. Ce font encore les *feconds* qui font mieux placés pour avertir plus fouvent les *premiers* de courir à la balle , puifque , la voyant d'avance paffer devant eux , ils peuvent juger plus vîte de fon effet : ils crient à leur *premier , à vous,* dès qu'elle frappe le *tambour ,* (*voy.* Article XXII ,) ou quand elle s'éloigne trop d'eux , par côté ou en hauteur. — Cependant les premiers veulent encore s'arroger l'autorité de prendre le commandement à cet égard & dédaignent les avertiffements de leur *fecond* ; fi le fecond crédule fe tient docile & en filence, le premier répete à tout moment , *à moi* , & joue tous les coups. Il y a auffi des *feconds* qui, quoique filentieux , font peu dociles & courent, en même temps que leur *premier* , fur la balle : c'eft alors que les joueurs fe chamaillent.

Ce n'eft pas que je veuille déprifer la place de *premier* , j'occupe *moi-même* plus ordinairement cette place dans les parties ; mais j'ai toujours obfervé que des joueurs , d'ailleurs affez forts & d'un caractere tranquille, ont la vanité de s'imaginer qu'ils font en droit de décider de toutes les balles & d'arrêter , quand il leur plaît , la marche de leur *fecond.* Ils difent qu'ils entendent fupérieurement la partie pour rendre leurs avis prépondérants & maintenir leur affocié immobile, tandis qu'ils courent eux-mêmes par tout le jeu. Les *feconds*, moins habiles, croient qu'il n'y a point de regle pour ceux qui fe difent fi favants, & incertains s'ils avanceront ou reculeront, ils n'ofent pas tranfgreffer les limites fixées par leur cenfeur, qui va toujours prendre la *balle* derriere eux, en leur criant de fe bien *baiffer* s'ils ne veulent en être frappés.

Mais fi quatre joueurs, pour mieux égalifer leurs *parties*, font *primer* les plus foibles d'entr'eux, les plus forts qui tiennent alors la place de *fecond*, n'ont pas perdu leur coutume, & deviennent encore defpotiques & grondeurs. — Les *premiers* jouent toujours plus le rôle de fpectateurs que d'acteurs; la fcience prétendue dont fe pare leur *fecond*, leur en impofe; il les laiffe maîtres de diriger à leur gré la fortune, & ces *feconds* abufent tellement de cette liberté, qu'en criant toujours *à moi*, ils vont prendre les balles jufques fous le nez de leurs foibles *premiers*, qui, ayant à peine le temps d'éviter le danger, reftent muets & croient que c'eft pour
leur

leur avantage que tout fe paffe ainfi. — Mais s'ils ne gagnent pas, ils croient, du moins, pouvoir rejeter l'événement fur leurs forts *fe-conds* qui ont tous joués ; point du tout, ils font encore accufés d'avoir fait perdre les *par-ties*. On leur reproche d'avoir mal tiré le coup du *fervice* & de s'être mal placés dans le jeu ; c'eft comme fi on leur difoit qu'ils auroient mieux fait de refter tranquilles dans la *ga-lerie* & de payer les *frais*, & comme le fenti-ment du plus fort paroît par-tout le meilleur, le joueur le plus foible ne trouve pas un dé-fenfeur.

Il eft donc plus convenable à un particulier qui n'a pas acquis à ce jeu une certaine habi-leté, de ne faire des parties que *feul à feul*, ou avec des joueurs de fa force. S'il a la pré-fomption de fe lier dans une partie de quatre, avec des gens plus forts que lui, il rifque d'être dominé par un maître qui le vexe, & où fera fon plaifir, fi fon amour-propre eft humilié. Il finit encore par être dupe, puifque celui qui le moriginoit lui propofe de jouer leurs *frais* communs, étant bien affuré de fon côté de ne pas les payer.

Une fcene bien plus plaifante, c'eft quand

L

un amateur fe fait feconder par un *paumier*
qu'il met fecrétement de moitié dans fon pari,
en cas de bénéfice ; alors ce *paumier* ne fe
fiant plus à la fcience de *l'amateur* pour la sûreté de fon *revenant-bon* , regarde tous les
coups qu'il joue comme un obftacle à fes efpé-
rances,& s'avife même de témoigner de l'impatience à fon *premier* fur fes fautes. Bientôt
aucune confidération n'arrête fon avidité : il
court relever les coups, jufqu'entre les jambes
de *l'amateur* , qui , le corps courbé en avant
ou en arriere , ne fonge qu'à efquiver la balle
ou la *raquette* menaçante de ce *paumier*. Souvent il eft obligé de fe mettre ventre à terre,
pour laiffer fauter pardeffus lui le paumier, qui
crie à tout moment de ne rien craindre , &
que c'eft pour fes intérêts qu'il prend tant de
peine. L'on peut juger fi cet *amateur* ne feroit
pas plus en sûreté hors du jeu , & libre après
de donner fon argent à ce *vaillant fecond* ;
car , toujours en crainte dans fa pofition ,
il reffemble à un pantomime agité par
mille contorfions , ou à une ftatue immobile ,
dont on doit feulement tirer la bourfe.

C'eft ici que l'on peut faire une diftinction
de la maniete de jouer dans les différents jeux;

ceux qui font accoutumés à jouer dans les jeux de *dedans*, s'habituent à donner des coups de force, & en même temps à les parer de *volée*, parce que le *dedans*, si favorable pour gagner des *quinze*, les incite souvent à y pousser la balle avec vigueur; au lieu que dans les jeux de *quarré*, les coups de trou ne se peuvent faire ordinairement qu'en coupant la *balle*; de sorte que le joueur du *quarré* est plus exercé à couper la balle, tandis que celui du *dedans* est plus habile à la parer de *volée*. Il ne faudroit pas que l'un ou l'autre de ces amateurs s'avisât de faire une *partie*, suivant le jugement de sa force, dans le jeu dont il ne connoît pas la combinaison : leur habitude les entraîneroit dans des erreurs qui diminueroit la proportion de leurs forces de *quinze* par *jeu*. — Un amateur du *quarré*, jouant dans un jeu de *dedans*, perdra à tout moment *quinze*, parce que, peu habile d'ailleurs à la parade, il laissera entrer la balle dans le *dedans*, croyant qu'elle va faire, suivant son idée, son effet contre le *grand mur* du *fond*. Il ne sera pas moins étourdi des effets du *tambour*. De même un amateur du *dedans*, jouant dans un jeu du *quarré*, & croyant faire un coup de *dedans*, poussera fans réflexion , contre le grand mur du fond fa *balle* à laquelle le joueur du *quarré* laiffera faire fon effet pour la décider plus fûrement : ainfi l'habileté de l'un ou de l'autre eft également déroutée dans ces circonftances. — La parade de volée fera peu utile alors au joueur de *dedans*, qui n'eft attaqué, dans le *quarré*, que de *coin* en *coin* par des coups coupés ; — & le joueur du *quarré* ne pourra pas employer , dans le jeu de *dedans*, l'art de relever la balle de *coin* en *coin* , puifqu'il eft attaqué plus fouvent par des coups de force. Si l'un jure , maudit le *trou* de ce *grand mur* , l'autre détefte , envoie au diable & le *tambour* & le *dedans*. — Il faut avouer que l'on donne ordinairement trop d'étendue à l'ouverture du *dedans*. C'eft un gouffre , qui , en abforbant toutes les balles , reftraint trop-tôt l'efpoir du joueur. Si l'on conftruifoit un nouveau jeu , où la longueur de fon ouverture fût diminuée d'un pied au moins de chaque côté , les joueurs alors auroient plus de reffources dans la continuité des coups , puifque les murs élargis , donneroient plus d'efpace à la réaction de la balle. — Il exifte à Paris , dans un jeu de *quarré*, de la *rue Beaubourg*, une fingularité qui peut faire préfumer que l'on a recherché toujours les moyens d'exercer l'adreffe d'un joueur. Outre l'ais & le trou quarré, placé à fleur du carreau du *grand mur* du fond, il eft pratiqué un trou rond de huit pouces de diametre, à cinq pieds de hauteur, au milieu de ce même *grand mur*. L'on défigne ce *trou* par celui de la *lune* : l'on fait que le joueur qui fait un coup de *trou* ou d'ais gagne *quinze* ; mais celui qui, par hazard ou par adreffe, fait entrer une balle de volée dans ce *trou* de la *lune* gagne quatre *quinze* de fuite, c'eft-à-dire, un *jeu entier* ; l'on appelle le jeu de la lune celui de la rue *Beaubourg*. — L'on voit maintenant peu de jeu de *quarré* dans le royaume : le plus grand nombre des amateurs ont préféré le jeu de *dedans*, étant plus fufceptible, par fa combi-naifon, de les faire briller par les coups de *volée* répétés. Ainfi les maîtres *paumiers*, qui tenoient avant des jeux de *quarré*, les ont métamorphofés en jeux de *dedans*, pour fuivre le goût des amateurs. Il eft plus effentiel à un amateur, pour s'inftruire à *couper* ou relever la balle, de commencer à jouer dans un jeu de *quarré*. La néceffité où il eft de tirer fon coup avec jufteffe, lui interdit l'envie de *fouail-*

ler la balle : paſſion qu'ont d'abord ceux qui commencent à jouer dans les jeux de *dedans* , voulant imiter tout de ſuite les habiles joueurs. Ceux qui s'exercent dans les jeux de *quarré* , doivent employer plus de ruſe & d'adreſſe que de force. — La combinaiſon de cette partie paroît plus ſavante ; mais celle du jeu de *dedans* eſt plus brillante , plus amuſante , par les attaques des coups répétés , parés de volée & renvoyés. L'on reconnoît qu'un joueur eſt habitué dans les *jeux* du *quarré*, par l'attitude de ſon corps , plus ployé , parce qu'il a été exercé & obligé de ſuivre la balle ſur les carreaux; tandis que le joueur du *dedans* ſe tient ordinairement plus droit, par la coutume de prendre la balle en l'air & de la dévancer par la volée. Un principe général pour le joueur qui s'exerce *ſeul à ſeul* , ou en partie de *quatre* , c'eſt qu'au cas qu'il ait gêné ſon adverſaire , par un coup *coupé* & difficile à relever , il doit s'avancer quelques pas en avant de l'endroit où il a joué , parce que ſon adverſaire , en relevant la balle , ne pourra lui communiquer un trajet auſſi étendu qu'il le voudroit; & la proportion de ce trajet, n'étant qu'en raiſon de la force qu'il a donné à son coup , le joueur en dévançant , pour ainsi dire , la balle dans sa portée , la reprendra plus sûrement de *volée* ou de demi-*volée* : l'on doit appeler cette action dévancer le *coup* ou prendre sur le *temps* son adversaire.

Deux joueurs qui s'accordent dans la combinaison de leur attaque & de leur défense , ont un grand avantage sur des adversaires qui ne jouent que par l'ostentation de montrer leur prétendue science. *Ceux - là* étudient le mouvement de leur antagoniste ; ils se portent , par cette perspicacité , d'abord , à la *parade* , en s'avertissant tour à tour ; de sorte que si l'un est pris en défaut , l'autre puisse , en arriere , reprendre la même balle ; au lieu que ceux-ci ont pour systême, que le joueur qui joue le plus de *coups* est censé le plus habile ; & en conséquence , ils cherchent à se dérober mutuellement la balle. — C'est pourquoi l'amateur d'une certaine force , qui , dans toutes les places qu'il a tenu dans le jeu , a éprouvé des désagréments , soit par les emportements d'un *premier*, soit par l'ignorance ou l'entêtement d'un *second* , renonce à faire des parties de *quatre*, il aime mieux faire la *chouette* , c'est-à-dire , jouer lui feul deux autres amateurs.—Libre alors de difpofer de fa marche , & de fa maniere de jouer , il n'entend plus à côté de lui la voix d'un cenfeur prétendu ou ignorant , & regarde indifféremment les difputes qui s'éle-vent entre fes adverfaires. — Je fais qu'un joueur habile & entendu , peut , dans quelque place que ce foit , avoir l'art de diriger la marche de fon affocié , de façon à lui faire jouer tous les coups qui font à fa portée , & l'avertir même de fe placer pour en jouer d'autres ; — mais s'il peut , avec raifon , fe prévaloir de quelque fupériorité , il doit don-ner fes confeils avec le ton du badinage & de la politeffe ; il amufera & rendra favant fon affocié par un langage fi féduifant, & fi éloi-gné de la mauvaife humeur.

Il femble que dans une partie de *quatre* , les joueurs qui commencent à fe quereller, rendent les autres plus circonfpects , & fouvent l'union entre ces querelleurs renaît , tandis que la difcorde s'éleve entre les deux autres autres.

Il n'y auroit pas tant de joueurs grondeurs s'il n'y avoit point de fpectateurs ; car fi celui qui fe croit plus habile que fon *fecond* fe glo-rifie de lui donner des avis en public, l'amour-
propre

propre de l'autre s'irrite de ce qué l'on déclare avec peu de ménagement qu'il eſt dans le cas d'en recevoir. Si un Joueur, accoutumé aux conteſtations, ſe trouve aſſocié à un homme doux & paiſible, il eſt dans ſa ſurpriſe, (ou ſatisfait de la rencontre par la tranquillité dont il jouit, ou dans une contenance inquiete ſur le peu de ſujet qu'il a de tourmenter ſon joueur) & il cherche bien vîte l'occaſion, pour ſon amuſement même, d'élever des tra-caſſeries, de ſorte que ce Joueur paiſible, ennuyé des criailleries de ſon *Collegue*, abandonne bientôt le jeu.

Article XXXIV.

Récapitulation & Frais de Pàume.

Les détails que je viens de donner peuvent faire réfléchir un amateur ſur la marche qu'il doit ſuivre pour tirer le plus grand parti de ſes diſpoſitions ; — il a vu la néceſſité de ſe placer à la rencontre de la *balle* dans l'attitude la plus favorable — de développer, ſuivant ſon intention, ſon coup d'avance — d'allonger & de raccourcir ſa *raquette* ſuivant les occaſions;

— il a vu que l'art du joueur consistoit principalement à se former un jugement prompt, dirigé par le coup d'œil, soit sur la pensée de son adversaire, soit sur les effets de la *balle* — qu'il falloit joindre à ces qualités de la promptitude dans l'exécution, en combinant d'avance sa défense soit en coupant la *balle*, soit en employant de la force dans son coup, ou en le modérant pour, de quelque maniere que ce soit, faire tomber son joueur en *défaut* ; — qu'il devoit être toujours à plomb sur ses jambes afin d'être prêt à partir, puisque c'est une mauvaise habitude à un joueur d'attendre la *balle* les jambes ployées, cette attitude diminuant l'élasticité nécessaire aux nerfs pour s'y porter plus promptement ; — il a déja connu la vérité que j'ai avancée en parlant de la partie, sans toucher les *murs*, par les épreuves où le *paumier* la fait passer ; il a senti cependant que ses efforts pour vaincre les difficultés, l'ont mis à même de commencer à relever la *balle* de *volée* ou de *demi-volée*. — J'ai dit aussi qu'avant de s'exercer à prendre la *balle* de *volée*, il devoit s'instruire à bien la relever dans ses portées contre les *murs* ou carreaux, soit d'avant-main, soit d'arriere-

main ; car une maniere trop négligée de la plupart des amateurs eſt le coup d'*arriere-main*, leur peu d'expérience à cet égard les fait jouer avec contrainte, & nuit à leur dé-ciſion, puiſque crainte de mettre *deſſous*, ils ſont obligés de renvoyer la *ballé* plutôt en ligne *directe* qu'en ligne *oblique* ; — il a dû connoître que pour défendre la partie d'un côté, il falloit qu'il fût ferme à la *volée* & vaincre ſes craintes ſur la vélocité de la *balle* ; que plus il pareroit des coups violens, plus les autres lui paroîtront aiſés ; — qu'il doit prévenir, en variant ſes poſitions, les ruſes que le joueur emploie pour le déplacer, car s'il eſt avancé à la parade de *volée*, le *paumier* fera paſſer la balle derriere lui en la bricolant contre le grand mur du toît, & s'il ſe tenoit trop enfoncé dans le jeu, il recevroit des coups coupés contre les *batteries* ; — enfin il a vu par les détails de la partie de *quatre*, qu'avant de s'y engager il devoit être capable d'y tenir ſa place, ſoit pour l'attaque, ſoit pour la défenſe, ſans quoi il riſqueroit de jouer un triſte rôle par la morgue & le pédantiſme d'un aſſocié qui lui ſeroit ſupérieur ; il a dû ſe former une théorie en voyant d'habiles joueurs

faire cette *partie*, & devancer de toute maniere
la *balle* de *volée* pour s'éviter par-là l'embarras
des effets ambigus, — s'avertir mutuellement,
foit fur les coups qui font à leurs portées, foit
fur ceux qui, échappés à l'un des joueurs,
peuvent être repris par l'autre ; — il a compris
que les joueurs qui mettent de l'affabilité dans
les avis qu'ils fe communiquent, ont une prépondérance fur ceux qui ne font point d'accord ; & fi, comme fpectateur, il a gémi fur
l'entêtement des joueurs qui fe difputent, il
doit, lorfqu'il devient acteur lui-même, fe
conformer aux principes qui lui feront donnés
par un joueur raifonnable, ou quitter plutôt
le jeu que d'être vexé par un prétendu favant,
qui lui attribueroit fes propres fautes.

Ainfi des amateurs qui n'ont pas acquis à ce
jeu une certaine prudence réfléchie, doivent
jouer feul à feul, ils fatisferont alors librement
leur vivacité & leur ambition à courir à toutes
les balles ; mais s'ils s'affocient en partie de
quatre, ils ne pourront, par cette même raifon, fe modérer entre eux, & s'empreffant
chacun d'avoir la gloire de bien jouer la même
balle, ils prendront de bonne heure le goût
des difputes ; — je ne faurois trop répéter que

l'exemple d'un joueur , qui gronde fon affocié fans fujet ou par fon idée de fupériorité, influe fur les nouveaux amateurs , qui à leur tour veulent dans la fuite les imiter ; & il eft affez ordinaire d'entendre des joueurs qui font dans ce cas , appeller les autres *mauvais joueurs* , tandis qu'on peut avec raifon les gratifier du même titre. — Enfin , quoique j'aie déja démontré que la méfintelligence qui s'éleve entre les joueurs dans les *parties* de *quatre* , nuit à toutes leurs reffources , je vais encore retracer un tableau de chicane que chaque amateur a été à même de vérifier : regardez donc quatre amateurs d'égale force faire une partie , — ceux qui *priment* exigent fuivant leur place , des *premiers* , que leurs *feconds* à la moindre invitation leur laiffent jouer les coups qu'ils veulent , & que dès qu'ils ont crié à *moi* , les *feconds* doivent refter tranquilles ; mais un *fecond* veut s'amufer , & montrer que le gain de la partie dépend auffi de fon habileté. Or fi ce *fecond* n'a pas réuffi fur le coup qu'il n'a pas cédé à l'invitation de fon *premier* , ou fi ce *premier* à qui le *fecond* a cédé le coup n'en a pas profité avantageufement , les tracafferies s'éleyent , les deux affociés s'accufent récipro-

quement de la perte du jeu ou de la partie : —
j'aurois été sûr, dit celui qui prime, de gagner
la partie, si j'avois un *second* qui jouât à ma
fantaisie, & le *second* répond à son tour que
son *premier* n'est pas capable de primer, &
qu'il rempliroit mieux sa place. La bonne ami-
tié avoit lié la partie, le dépit la fait rompre;
les joueurs rentrent dans la chambre, où la
dispute se continue; ils y prennent pour juges
d'autres amateurs qui ont été spectateurs;
ceux qui ont *primé* assurent que s'ils avoient eu
pour *second* M. *tel*, ils auroient gagné, &
ceux qui viennent de seconder ne manquent
pas aussi de se choisir d'autres *premiers*; cette
préférence leur procure de la part des arbi-
tres, aux uns & aux autres, une décision
favorable; suivant cet arrangement une nouvelle partie est liée, & les mêmes incidents
font renaître les mêmes querelles; quelquefois le *paumier* est interpellé pour décider,
mais il se tire d'affaire en flattant les deux
partis, disant que ceux qui ont perdu jouent
mieux ordinairement, mais qu'*ils n'étaient pas
en jeu*; si un des deux partis disparoît un
moment, le *paumier* donne entiérement raison
à l'autre; & c'est pendant ces disputes, sou-

mentées par l'amour propre des joueurs, que le *Maître paumier* s'occupe sans bruit à tirer *ses épingles du jeu* en composant son compte & son bordereau de frais ; — il forme, avec de la craie blanche en guise de plume, sur une large *ardoise*, des chiffres d'un pouce de longueur, bientôt calculés & additionnés : — la *premiere ligne* désigne, tant pour les *frais des parties*, — la 2ᵉ. tant pour les *rafraîchiffe-ments*, — la 3ᵉ. tant pour *chemifes* ou *autres habillements*, — la 4ᵉ. tant pour *bois de chauffage* ou *lumieres*, — la 5ᵉ. tant pour les *reve-nants-bons* des garçons marqueurs, — la 6ᵉ. pour dépenfe extraordinaire. — Les joueurs enfin font treve à leurs débats pour jeter les yeux fur ce tableau parlant ; ils font maîtres de fe faire expliquer le réfultat des figures qui y font barbouillées, & qu'ils voudroient pren-dre quelquefois pour des *hiéroglyphes*, mais le *paumier* connoît à fond cette partie de fon hiftoire ancienne, & leur démontre que bien loin de revenir par fouftraction fur aucun article, il a encore oublié d'y ajouter quelques chiffres : c'eft fouvent un des garçons mar-queurs qui, en qualité de premier fecretaire du *paumier* ou d'affocié, tire les comptes fur ce grand livre, qui n'a qu'un feul feuillet noir; l'on peut bien penfer qu'il n'eft pas ennemi des fractions, dans l'efpérance que les payeurs ne lui feront pas rendre par générofité l'éxcédent de la piece ; — dès que les joueurs, contens ou mécontens, après avoir payé, ont pris le chemin de leur *hôtel*, un coup d'éponge fait difparoître de l'ardoife ces traces fi puiffantes & fi lucratives ; elle reprend fa couleur noire, & fera bientôt reblanchie en faveur d'autres joueurs qui font déja dans le jeu, & qui y liront de même la rétribution qu'ils doivent fournir pour leurs plaifirs.

Une *partie* de *paume*, à Paris, eft comprife en *huit jeux*, & fe paye ordinairement *une livre cinq fols*, & en Province en fix jeux, & ne fe paye qu'une *livre*. — Un maître *paumier* doit poffséder trois qualités effentielles à fon état, la 1ere, d'avoir l'art de lier des *parties*, afin que le jeu ne refte pas long-temps vuide, – la 2e. de flatter les joueurs fur leurs difpofitions vraies ou fauffes, – la 3e, de joindre à beaucoup de déférence & de politeffe, l'attention de bien faire fervir les joueurs, foit au feu, foit dans la chambre ; ce dernier article étant fouvent négligé dans beaucoup de jeux

de

de *paume*, ces moyens, habilement conduits, lui procureront des recettes ; il peut encore, pour se mettre en réputation, faire honnêtement quelque crédit, mais il emploira cette reſſource avec plus de sûreté dans la province que dans la capitale. — Un paumier qui vient tenir un jeu de paume dans une province, connoît dans un mois le nom & ſurnom des joueurs d'habitude & leurs facultés ; il dirige en conſéquence ſes ſpéculations ; il refuſe d'abord de prendre l'argent des premiers frais que fait un jeune homme de famille, qu'un pareil déſintéreſſement engage à revenir : — même indifférence de la part du *paumier* pour les paiements, en diſant toujours, *cela ſe trouvera* ; le jeune homme, tout joyeux de prendre ſes récréations, pour ainſi dire, *gratis*, croit que le *paumier* ne s'occupe pas plus de lui faire un compte de frais qu'il ſonge à les lui payer ; il n'a garde de s'informer où les choſes en ſont ; il amene avec ſécurité ſes amis pour faire des parties, ſurcroît encore de reſſources pour le *paumier*, qui, par le même principe, les laiſſe tous ſe prendre à l'hameçon ; enfin un beau matin, tandis que le jeune homme paſſionné, reprend ſa raquette pour s'amuſer ſur nou-

veaux *frais* ; le *paumier* le tire en particulier,
& d'un air tout dolent , tout poli , lui déclare,
le compte en main , tout numéroté , jour par
jour , & tout additionné, qu'il a un grand
befoin d'argent , qu'il eſt obligé de payer une
lettre de change & qu'on va le faire aſſigner ,
& tant d'autres prétextes uſés ; — Si vous n'a-
vez pas à préſent , M^r, ajoute-t-il , de l'argent , que cela ne vous inquiéte pas , j'irai ce
ſoir préſenter mon petit mémoire à vos parents,
qui ſûrement ne trouveront pas mauvais que
je leur demande la dépenſe de vos menus plai-
ſirs. — Tout ceci n'eſt qu'une ruſe du *paumier* ,
qui ſait bien que le jeune homme le priera de
n'en rien faire , puiſque ſes parents lui ont
peut-être défendu le jeu de la *paume* à cauſe
de la dépenſe qu'il entraîne , ou s'ils ſavent
qu'il y joue , ils ignorent le montant des frais
qu'il a laiſſé accumuler. — Le jeune amateur
épuiſe donc toutes ſes reſſources , emprunte
plutôt, prie le *paumier* d'arrêter ſes démarches
& de ſe contenter d'un à-compte. Celui-ci ne
demande pas mieux, mais en recevant, comme
par complaiſance, la petite ſomme , il engage
& preſſe ſon créancier de lui faire un billet du
ſurplus , en diſant que la vie & la mort étant

liées par le même fil , on n'eſt pas ſûr d'être le lendemain ſur pied. — Une ſois nanti de cette *promeſſe ,* vrai épouvantail pour le jeune homme qu'il tient dans ſes filets , il lui recommence ſes harangues quand il lui plaît , & celui-ci qui aimeroit autant voir le tonnerre tomber à ſes pieds, que la préſence du *paumier* chez ſes parents , lui donne tout l'argent qu'il peut avoir , & ſe délivre pour le moment d'une inquiétude qui ſe renouvelle bientôt , puiſque ſa paſſion le conduit à jouer tous les jours , & à augmenter les articles de ſon compte. — Si , par réflexion , ou pour avoir quelque temps de répit , le jeune amateur ne fréquente plus le même jeu , il voit paroître de grand matin dans ſa chambre , comme un ſpectre , le *paumier ,* qui , s'étant annoncé pour tout autre , vient lui ſouhaiter le bonjour , lui dit qu'il eſt en peine de ſa ſanté , que tous les joueurs ſont étonnés de ne plus le voir. — Eſt-ce que vous nous auriez quitté , M^r, ajoute-t-il ? je ne le crois pas , vous ſavez que je ne vous ai jamais importuné , que forcément j'ai bien apporté mon petit *compte ,* ſi je le montrois à préſent à votre pere , peut-être ne s'en facheroit-il pas. — L'on ſent bien que ce propos donne la fievre au jeune homme, qui, empreſſé de faire décamper l'importun, s'excuſe comme il peut, lui promet monts & merveilles, & ſur-tout qu'il ne manquera pas de revenir jouer. — Les *paumiers* appellent cette manœuvre, l'art *d'attirer les pigeonneaux* pour garnir le colombier. — (Tout ce que je dis d'ailleurs & dirai à l'égard des *paumiers*, ne les regarde pas tous en général, la plupart ont reçu une éducation qui les rend ſuſceptibles d'honnêteté, de politeſſe & de bons procédés); — mais dans la Capitale, où la diſtinction des perſonnes, de leurs moyens & de leurs demeures eſt difficile à connoître, un *paumier* ſe tient en garde ſur le crédit qu'il peut faire ; les amateurs qui demeurent dans un quartier où il y a un *jeu de paume*, peuvent, par la proximité, s'y fixer plus volontiers, mais ils ſont libres d'aller jouer dans un autre jeu plus éloigné ; j'ai dit qu'il y avoit treize *jeux de paume* à Paris, éloignés les uns des autres à des diſtances plus ou moins grandes. Un amateur, habitué dans un *jeu* du quartier du *Marais*, va le matin jouer dans le *fauxbourg S. Germain*, le ſoir dans la rue de *Vendôme*, où on ne l'a jamais vu ; il peut un autre jo

en gardant toujours l'*incognito* , fe tranfporter
à la place St. Michel ou à l'Eftrapade , revenir
enfuite dans le quartier *St. Honoré* , *St. Euf-
tache* , jouer dans la rue *Baurepaire* , la rue
Verdelet , la rue de *Grenelle* , & proportionner
fes courfes & fes apparitions dans les différens
jeux comme les *phafes* de la *Lune*. — Dès qu'un
paumier voit arriver dans fon jeu un nouveau
venu , il peut foupçonner d'abord , ou que c'eft
un étranger , ou un déferteur d'un autre *jeu*
de *paume* , qui vient dans le fien pour éviter
d'autre part des follicitations pécunieufes :
d'ailleurs , dans ce pays , comme le frippon
emprunte & imite parfaitement les manieres
& le ton de l'honnête homme , la méfiance
eft permife ; l'on ne juge point favorablement
de l'amateur fur fon air ou fes propos avantageux , mais fur fa générofité ; fi fa dépenfe
ou fon défintéreffement ne répondent pas à
fon fafte , il fera bientôt mis au rang des gens
qui cherchent à en impofer pour mieux faire
des dupes.

Article XXXV.

Du Battoir, & autre maniere de jouer.

Les Habitans du Midi, tels que les *Espagnols*, les *Languedociens*, les *Provençaux*, se servent le plus souvent pour jouer à la paume, du *battoir*; c'est un instrument fait en bois mince, qui a la forme d'une petite raquette; ceux qui se sont adonnés à cette maniere de jouer ont raffiné sur sa construction, ils ont fait construire des *battoirs*, creux en dedans, collés & nervés de tous côtés; cette invention leur donne plus d'élasticité, de sorte que les joueurs renvoient la balle plus vivement. — L'on pense bien que ce *battoir de bois* ne peut avoir l'élasticité des cordes à boyaux; néanmoins ceux qui sont en usage de le manier parent la *balle de volée*, le relevent & la renvoient avec autant d'aisance qu'avec la raquette. — Un joueur de *paume* qui juge trèsbien les effets d'une balle, poussée avec la raquette, est souvent embarrassé par les effets de celle qui est renvoyée avec le *battoir*, parce que celle-ci traverse les espaces plus lentement, & en filant sur les *carreaux*, s'amortit tout à coup. — C'eſt cette différence d'effets dans les *portées* de la *balle* que le joueur du *battoir* tourne à ſon avantage pour tromper le joueur de raquette ; dont le jugement eſt dérouté par des coups *mols* qui entrent à peine dans les *carreaux* des chaſſes ; & par la marche ſinguliere d'une *balle* qui ſemble toujours ſe dérober dans ſes *filées*, ou tournoyer en l'air : & comme l'on a ignoré long-temps dans nos provinces toutes les reſſources qu'avoient les joueurs du *battoir* (dont les joueurs de *raquette* mépriſoient la coutume ;) ceux-là ont toujours fait tomber leur adver-ſaire dans le panneau, d'autant qu'il font d'abord ſemblant, par une feinte ignorance, de ne pouvoir élever la balle qu'en hauteur. Le bruit d'ailleurs que fait le coup du *battoir* inquiéte le joueur de *raquette* qui n'y eſt pas accoutumé. — Les partiſants de la *raquette* doivent donc ſe méfier des joueurs du *battoir*, qui prétendent toujours recevoir de grands avantages en prétextant la ſupé-riorité de la *raquette*. Mais, comme je l'ai dit, les moyens de défenſe & d'attaque ſont aſſez compenſés de part & d'autre ; & ſi des égrefins, qui adoptent ſouvent cette

maniere de jouer, se recrient sur l'impossi-
bilité de se défendre, c'est pour tendre leur
piege plus sûrement. — Le plus habile
joueur à la paumé avec le *battoir* qui ait
paru en France, est un *Espagnol* qui par-
courut il y a dix ans nos Provinces, où il
fit beaucoup de duppes; car il se faisoit
jouer d'un *côté* par des amateurs auxquels
il auroit rendu plus de *demi-trente* par tout
le jeu; il n'y avoit pnoit de fin matois qui
contrefît mieux le niais & l'ignorant que
lui; il se faisoit expliquer à chaque coup
les regles du *jeu* de *paume*, comme s'il fût
tombé des nues, il paroissoit incertain s'il
eût bien ou mal joué, & joignoit à chaque
passade une dissertation, ornée d'un langage
si grotesque & si embrouillé, que les gens
de bonne-foi le prenoient pour un imbécille.
Il vint se fixer dans la Capitale pour répéter
ses mêmes rôles; & quoique ceux, qui dans
la Province avoient été duppes de ses pan-
tomines, eussent écrits sur son compte tout
ce qu'il falloit pour s'en méfier; & quoiqu'il
fût attendu & démasqué d'avance, il montra
qu'il étoit encore plus rusé que l'on ne
croyoit; il gagna beaucoup plus d'argent

en faifant de fortes parties , où il ne dévei-
loit tout fon jeu qu'à propos. — On le jugeoit prefque auffi habile dans fon genre , foit
pour juger , relever la balle ou la parer de
volée que le fameux *Maffon* — Il étoit de très-
petite taille , mais fa légéreté réparoit fi bien
ce défavantage que fa maniere de jouer en
paroiffoit plus vive & plus brillante , tantôt il étoit ventre à terre pour relever la
balle , tantôt fe lançoit très – haut contre
les mûrs , & graviffoit comme un chât pour
la dévancer ; il étoit de tout côté en action ,
& avertiffoit continuellement & à grands
cris , d'une voix glapiffante , fon *affocié* ,
& fouvent pour communiquer à la balle des
effets finguliers , la renvoyoit du coupant de
fon *battoir*. Les plus habiles *paulmiers* qu'il fe-
condoit fe repofoit fur lui du fuccès de la *partie* ,
fa réputation attira bientôt nombre de fpectateurs, qui éleverent leur paris fort haut en fa
faveur ; & il ne repartit pour fa patrie qu'a-
près avoir preffuré adroitement la bourfe des
amateurs , qui furent enfin perfuadé qu'il étoit
imopffible , quelque avantage que leur donna
cet homme , de jouer contre lui avec l'efpérance de gagner.

O

Il y a des joueurs qui se sont exercés à faire des parties de *paume* sans se servir de la *raquette*, ils saisissent à point la *balle* dans son effet avec la main & la renvoient de même comme s'ils jetoient une pierre, ils font des feintes, faisant semblant de la jeter d'un *côté* pour la jeter de l'autre. — Il y a actuellement en France un autre Espagnol, très-vigoureux, d'une taille renforcée, trapue, qui, avec la main, armé d'un gand cordé, renvoie la *balle* sans la retenir comme avec la *raquette*; il pare avec beaucoup de fermeté les coups de *volée*, & releve de même les balles coupées, il se fait jouer d'un *côté* par des amateurs de la premiere force & les gagne, quand il se trouve pressé par la rapidité de la balle, il la releve, suivant la position où il se trouve, soit entre ses jambes, le dos tourné au joueur, soit de côté, ou une jambe en l'air, se roulant dans des moments, pour ainsi dire, comme une *boule*, ses cheveux très-fournis ombragent tellement sa tête qu'il ressemble dans l'action à un ours qui lance un caillou. — Le sieur *Pilet*, Anglois, si renommé par son caractere & par son adresse à mettre à profit ses talents, aussi habile avec la *raquette* que les

plus forts paumiers joue les plus forts amateurs avec son *sabre de bois*. C'est une espece
de *massue* de trois pieds de longueur, qui
n'a dans sa plus grande surface que quatre
pouces de largeur. Il la tient par le milieu, &
la manie avec autant d'aisance qu'une *raquette*.
— Toutes ces différentes habitudes proviennent du caprice de ceux qui s'y sont adonnés
par préférence ; mais j'avertis que ces sortes
de *joueurs* ne paroissent dans les jeux que pour
tirer parti de cette singularité, par les ressources qu'ils savent employer, de sorte que
les partisans de la *raquette*, se confiant trop en
leur supériorité, ne combinent pas assez la proportion des avantages qu'ils se croient en
état de leur donner, & sont le plus souvent
abusés.

Article XXXVI.

*De l'amour propre des joueurs, & du manege
des Escrocs pour les tourner à leur profit.*

Tous les jeux d'adresse excitent l'amour-
propre de l'homme, sur-tout quand il peut être
applaudi par des spectateurs ; le jeu d'exercice

qui doit le plus flatter fa vanité eft celui de la *paume* ; parce qu'il conftate, au plus haut point, la force, la légéreté & les autres difpo-fitions des organes ; mais auffi une illufion agréable féduit trop le *joueur* de *paume*, & le fuit dans toutes fes démarches, eft-il hors du jeu, il fe croît toujours plus fort, & à peine veut-il avouer fa foibleffe, la *raquette* à la main, fi fes prétentions font fondées, ils les éleve à un degré auquel il feint de croire que ceux qui viendront après lui n'atteindront pas ; il fe vante que c'eft lui qui a affuré le fuccès des parties où il eft entré, & pour éloigner le titre de mazette de fa perfonne, il le donne aux autres, il eft généreux envers les *fubalternes*, afin que ceux-ci le préconi-fent : ainfi l'on voit d'anciens amateurs, qui à Paris ou dans la province, ayant eu quelque réputation d'habileté, ne veulent pas com-promettre l'opinion que l'on a d'eux contre de nouveaux joueurs qui rabaifferoient leur prétention : ils ont la manie de jouer avec les *paumiers*, afin que l'on augure que les autres amateurs font incapables de luter con-tre eux, & s'ils jouent contre ceux-ci ils at-tribuent au hafard les coups victorieux de leurs adverſaires tout comme les fautes qu'ils font eux-mêmes : — d'autres amateurs jaloux de ſortir du nombre des joueurs ignorés , veulent être ou paroître plus forts qu'ils ne ſont, ils ne diſputent gueres ſur les avantages qu'ils doivent recevoir , ils ont l'eſpérance de paſſer pour plus habiles par quelques ſuccès momentanés , ſenſibles aux louanges , ils ne deſirent que les applaudiſſements & s'animent pour en mériter. — C'eſt moins la prudence & le deſir de gagner qui les conduiſent que l'envie de briller , les *paumiers* flattent de ce côté leur goût , & leur diſent ſuivant *le ſtyle ordinaire*, qu'ils ne les croyoient pas ſi forts, & que leurs fautes dépendent plus ſouvent du deſtin que de leur inexpérience, c'eſt ce qu'on appelle *dorer* la *pilule* , de ſorte que le ſeul intérêt que ces joueurs conſiderent , étant la ſatisfaction de leur amour - propre , ils ſe croient dédommagés de la perte & paient de grand cœur tous les frais. — Rentrés chez eux leur imagination leur retrace les moments où ils étoient dans le jeu , & s'arrête avec plaiſir ſur les beaux coups qui les ont faits applaudir , ils ſe propoſent bien au premier jour de renouveler une ſituation auſſi flatteufe. Un jeune homme qui a la paffion de la paume , doit fe réfigner d'abord à amufer les autres à fes dépens , & quoiqu'on l'affure que (par les avantages qu'il reçoit) il fait une partie égale avec fes amis ou les gens les plus honnêtes , ceux-ci lui font toujours payer les frais , & lui donnent (*fuivant le terme*) des leçons d'ami.

Il ne faut pas que j'oublie de parler de ceux, qui , très-habiles dans certains endroits , voyagent & changent de nom pour dérouter ceux qui les ont connus , & pour faire un fourd trafic de leur expérience , ils tiennent une conduite bien différente des *amateurs* dont je viens de parler , loin de faire parade de leur fcience , ils la mafquent par un air d'ignorance afin de la mettre à profit , leur plus grande attention eft de cacher *leur jeu* & de facrifier toute gloire à leur intérêt & à l'avidité de *plumer* le premier joueur qui fe préfente à eux de bonne-foi ; ce font les oifeaux de proie de la *paume* , même maintien , hypocrite dans leurs manieres , même voracité dans leurs rapines , ils fréquentent quelques jours les jeux fans prendre une *raquette* , ils s'informent pendant ce temps de la qualité &

de la force des joueurs , combinent les avantages qu'ils peuvent hardiment leur donner ;
ils proposent ordinairement une partie aux
amateurs présomptueux (dont je viens de parler), ils semblent ne la faire que pour s'amu-
ser , divertir leur joueur , — à les entendre
personne n'est plus foible qu'eux , & n'a le
jeu plus fautif, ils perdent toujours , ils pré-
textent même des douleurs qui les empêchent
de tenir leur *raquette* , & ils feignent en *pe-*
lotant d'avoir de la peine à pousser la *balle* ,
—si la partie s'engage, ils se gardent bien de
gagner les premieres *parties* , afin de proposer
plus sûrement des *paris* ou les augmenter si le
jeu est intéressé , ils s'attachent au contraire à
prouver qu'il leur est difficile de se défendre par
les avantages qu'ils donnent , en conséquence ils
jugent mal la balle, — ne la coupent point, — l'é-
levent souvent en l'air , — se précipitent sur les
coups , — arrivent *trop tôt* ou *trop tard* prennent des attitudes forcées , comme ne pouvant
mieux faire ; & mettent *dessous* par une mal-
adresse simulée , leur langage ordinaire est de
se récrier sur la difficulté de la *partie* & de
louer la dextérité de leur adversaire. — Il paroît juste , puisqu'ils ont perdu les premieres

parties de diminuer les avantages qu'ils font ; c'eſt alors qu'ils propoſent de jouer plus *gros jeu*, ſi leur adverſaire y conſent ou ſi les ſpectateurs haſardent de parier contre eux, les uns & les autres ſont pris pour dupes, car ces ruſés joueurs, ſans paroître ſe donner plus de peine, rendent par degré leur jeu plus difficile, ils amorçoient avant leur joueur par des coups aiſés, maintenant ils coupent la *balle*, — la décident de *coin* en *coin*, gagnent les *chaſſes*, & ne mettent plus deſſous, —ce n'eſt pas qu'ils ne faſſent encore des fautes volontaires, mais ils n'y tombent que lorſqu'ils ont des jeux d'avance, enfin, ils gagnent la partie de façon à faire croire qu'ils la doivent plutôt aux fautes de leur *joueur* qu'à leur propre habileté, — ils donnent enſuite la revanche au même avantage qu'ils ont cédés *d'entrée* de jeu, & gagnent avec la même adreſſe, ſi ces ſuccès font murmurer leur foible adverſaire, ils lui répondent qu'il s'eſt négligé, qu'il jouoit mieux les premieres parties, & pour l'appaiſer, ils lui accordent une ou deux *biſques* de plus.—Avantage encore bien éloigné de celui qu'ils peuvent lui donner, puiſque pour leurer leur joueur dépité d'avoir ainſi perdu ſes *touts* &

moitié

moitié des *touts* , ils lui augmentent encore à chaque partie les avantages qui se montent souvent à *quinze* de plus par *jeu* , au-delà de ce qui lui avoit été cédé au commencement des parties , — Ces *escrocs* appellent ce manege , *enfiler* leur *homme* , & l'on dit par plaisanterie, *tel joueur s'est laissé enfiler.*

Je dois citer à ce sujet une aventure unique pour prouver combien ces *fourbes* multiplient leurs ruses pour parvenir à leur but. — Un Officier de distinction, de la seconde force à la *paume* , pelotoit dans sa jeunesse dans le *jeu de paume de Rouen* , & s'informoit dans la *galerie* s'il y avoit quelque amateur assez fort avec lequel il pût faire partie ; — un *quidam* d'un certain âge , qui avoit une jambe pliée sur un support de *bois* , paroissant se soutenir encore avec peine sur une canne , répond à l'Officier, que malgré sa situation s'il vouloit le jouer d'un *côté* il feroit sa partie ; — l'Officier , par singularité , accepta la proposition , l'homme à la jambe de bois perdit à la premiere partie cinq *louis d'or* , — gagna sa revanche avec *paroli* , & en gagna deux autres de suite , avec tout l'embarras simulé d'une personne qui ne peut s'appuyer que sur une jambe. — L'Officier

piqué, voulut quitter le jeu ; alors l'homme à
la jambe *de bois*, lui dit, que pour le racquitter
de la moitié de sa perte, il se contenteroit de
l'avantage de *quinze moins*, *bisque par tout* le
jeu. L'Officier accepta volontiers cette offre,
en pensant que cet estropié, qu'il jouoit au-
paravant d'un *côté* seroit bien plus embarrassé
à courir avec une seule jambe par tout le *jeu*,
& il parut d'abord fondé dans son sentiment,
puisque le prétendu impotent commença à
perdre cette partie, & en demandant *bisque*
de plus, il pria l'Officier de lui donner un moment de relâche pour détacher son *support*
de bois qui le fatiguoit, disoit-il, en courant,
— que d'ailleurs il se sentoit assez de courage
pour s'appuyer un peu sur la pointe du pied de
sa jambe malade ; après donc qu'il se fut délivré
de cet appui postiche, les deux joueurs re-
commencerent une autre *partie* avec des pen-
sées bien différentes. L'Officier espéroit se
racquitter entiérement, & que son adversaire
invalide succomberoit à la peine en perdant
les autres parties comme la précédente, mais
le rusé boiteux sentit aussi, que c'étoit le moment de finir la comédie, & de déployer toute
son adresse pour ne pas laisser échapper sa

proie , il gagna donc cette seconde *partie* ,
avec mille difficultés apparentes , tantôt il laiſſoit gagner les *chaſſes* , prétendant ne pouvoir
atteindre à la balle , tantôt il ſe laiſſoit tomber
en ſe dépitant contre ſon impuiſſance ; il ſem-
bloit, en repaſſant d'un côté du jeu à l'autre, qu'il
ne pouvoit ſe ſoutenir , & quoiqu'il ſe portât à
la *balle* , en traînant la jambe (comme un chien
auquel on l'auroit caſſée) il relevoit des coups
avec autant de promptitude & d'adreſſe qu'un
paumier , il articuloit après des cris plaintifs ,
comme s'il eût reſſenti de grandes douleurs
par ſes efforts. Enfin , il gagna le *tout* , fit ſi
bien valoir dans la ſuite ſon induſtrie , fut ſi
bien montrer à propos de la foibleſſe , une
égalité de force , & une condeſcendance
pour diminuer les avantages qu'il recevoit ,
que l'Officier crut lui-même dans le moment,
ne pouvoir attribuer ſa mauvaiſe fortune qu'à
ſes propres fautes , ſongeant toujours qu'il
lui devoit être aiſé de gagner à but *par tout* le
jeu un homme impotent qu'il jouoit avant ſeulement d'un *côté* ; cette préſomption augmen-
tée par ſon amour propre , lui fit perdre dans
cette ſéance plus de 4000 liv. , & il ne revint

de son étonnement que quelques jours après,
qu'on lui fit soupçonner qu'il avoit été dupe
d'un des plus fins escrocs, qui par son infir-
mité affectée en avoit sûrement attrapé bien
d'autres. Cet Officier en plaisantant depuis
sur son aventure, dit qu'il se ressouvient que
son fripon de *joueur* ne gardoit plus dans les
dernieres parties autant de réserve, & qu'il
se portoit à la *balle* avec la vélocité d'un lievre,
quoiqu'il semblât ne s'appuyer que sur une
seule jambe.

J'ai raconté cette anecdote comme une des
plus curieuses dans ce genre, & pour avertir
les amateurs de se tenir en garde contre la
prétendue ignorance des joueurs étrangers ;
si un novice en ce jeu se laisse *emmieller* par le
langage d'un *paumier*, il tombera à plus forte
raison dans le piege que lui tendra celui, qui,
sous le titre d'*amateur*, connoît toutes les rubriques & les ruses capables d'en imposer. —
Les personnes les plus faciles à se laisser sur-
prendre, sont celles dont j'ai parlé, que la
gloire & l'amour propre conduisent, elles ont
d'autant moins de méfiance qu'elles croient que
leur adversaires vont agir par les mêmes sen-
timents, l'on sent bien que parmi le nombre

des joueurs en ce genre, les *escrocs* recher-
chent plus particuliérement ceux auxquels
la fortune permet de tout rifquer, qui font
moins vétilleurs fur les fupercheries, & plus
hardis pour les *pari*; — comme toutes fortes de jeux font devenus une reffource pour
bien des perfonnes, il y a auffi des joueurs de
paume, qui tâchent de tirer parti de leur
adreffe, & qui par une intrigue bien caute-
leufe de leur part pour mieux fe fixer la fortune, font un traité fecret avec un *paumier*,
qu'ils intéreffent dans les *pari* de la *partie*
qu'ils jouent eux-mêmes, ou jouée par un
autre, de forte qu'un amateur qui demande-
roit à l'un de ces affociés s'il peut faire la partie
que l'autre lui propofe, feroit fûr d'être abufé,
puifque les joueurs s'en rapportant dans les
coups d'une *partie* au *marqueur*; celui – ci
eft intéreffé qué l'un des deux joueurs gagne
plutôt que l'autre; la plus grande fourberie
qui peut arriver, par cet accord, c'eft lorfque
le *paumier marque* lui-même la *partie* que fon
affocié joue, l'on peut préfumer, que fi ce
marqueur eft intéreffé à annoncer plus longues
les *chaffes* que reçoit fon affocié, & même à
les lui marquer gagnées dans des coups in-

certains ; il eſt auſſi enclin à annoncer plus
courtes les *chaſſes* que l'adverſaire doit tirer,
& à les juger fauſſement perdues ; comme auſſi
à marquer promptement *doublées* des coups de
balle, qui ſont bons. — Je ſuppoſe encore que
ce *paumier* ne ſoit que ſpectateur de la partie
que joue ſon aſſocié , & qu'il arrive un coup
incertain à décider , ſi celui qui marque alors
avant de recueillir les voix de la *galerie* lui
demande ſon avis , ſon ſentiment ne peut être
que partial , & entraînera peut-être l'opinion
des ſpectateurs : — Ainſi tout joueur imprudent , qui s'eſt jeté dans ce labyrinthe ſe trouve
en bute à mille difficultés , ſa ſcience n'eſt pas
capable de vaincre tous les obſtacles que l'on
tourne contre ſa bonne foi , c'eſt toujours lui
qui a fait les fautes ou perdu *quinze* : on pré-
tend qu'il a *doublé la balle* , ou en la relevant,
ou en défendant les *chaſſes* ; il auroit même
honte d'en appeler de la déciſion de ces *juges* ,
qui l'ont condamné d'avance à leur donner ſon
argent.

Quand les joueurs ſe ſont plutôt laiſſé en-
traîner par des motifs de cupidité , que par
ceux de la gloire , ils ont trouvé plus d'avantage à déguiſer leur ſcience qu'à la montrer.

Il y a des perſonnes à qui le rang & la fortune interdiſent toute ſpéculation lucrative , la magnanimité qui dirige leurs actions les empêche de ſe méfier des pieges auxquels les expoſent leurs nobles procédés , plus ils paroiſſent déſintéreſſés ou faciles à tenir les *pari* , plus il y a des conjurés , qui tâchent de profiter de leur facilité. — Les ſpectateurs concluent des traités , la *galerie* eſt remplie de *croupiers* & de *pontes* , qui ſe partagent d'avance les bénéfices futurs , dans l'aſſurance qu'un prince , ou tel Seigneur titré , perdra dans une partie telle ſomme ; ſi ces amateurs *diſtingués* euſſent modéré leur *pari* , dans ces occaſions ils n'auroient pas éprouvé ſi ſouvent qu'ils faiſoient des *parties inégales* , & n'auroient pas abandonné par dégoût les *jeux* de *paume* ; mais à préſent toutes les trames ſont plus à découvert , les forces des joueurs & des différents *paumiers* aſſez analyſés , leur caractere trop connu pour ne pas éviter des ſurpriſes , — à peine pourroit-on citer dans la Capitale deux jeux de paume , qui ſervent particuliérement de repaire aux eſcrocs de toutes nations ; ils n'y tendent plus aſſidument leurs filets , que par la protection du *maître paumier* , qui y trouve fes intérêts ; mais ils vont auffi ailleurs à la *picorée* , & les *jeux* reputés , pour n'être fréquentés que par les gens les plus honnêtes, ne font pas à l'abri de leurs manœuvres, les *ponts d'or* qu'ils préfentent adroitement , engagent fouvent les plus fcrupuleux à y paffer deffus. Ces accords frauduleux font d'autant plus difficiles à découvrir , que ceux qui doivent le moins y entrer s'y prêtent. — Un *étranger* très-connu , & de la premiere forcé , jouoit avec un amateur , auquel il cédoit un grand avantage ; l'amateur avoit 200 *louis* d'engagés avec la *galerie* ; les parieurs étoient affurés que l'*étranger* pouvoit gagner *haut la main* ; la *partie* décifive fut remife à un jour fixé , l'*étranger*, dans l'intervalle , va trouver fon adverfaire , le féduit , lui fait entrevoir qu'il rifque beaucoup , promet de lui faire gagner la partie, s'il veut partager la fomme pariée. L'événement confirma les conventions acceptées : — l'on voit donc qu'il eft imprudent de rifquer des *pari* , en fe fiant fur l'habileté de certains joueurs , qui , feulement conduits par l'intérêt & le caprice , ne fe font aucun fcrupule de tromper la confiance des joueurs. — Un autre manege plus ufité , que

l'on

l'on ne croit, de la part de ces fourbes , c'eſt ,
lorſque par une connivence ſecrete ils jouent
entr'eux , faiſant ſemblant de s'animer mutuellement par des *pari* (quoique ne riſquant
rien) & perdent ou gagnent ſuivant leurs deſ-
ſeins ; car en ſuppoſant que les ſpectateurs parient pour l'un ou l'autre de ces joueurs , ceux-
ci ſe mettent de moitié avec les *parieurs* , & le
joueur qui gagnera ſuivant les conventions
établies , ſera celui qui tiendra le pari le plus
conſidérable , parce qu'il eſt aiſé au joueur qui
a gagné le plus d'argent de rembourſer à
l'autre les *pari* qu'il a perdus ; c'eſt ſouvent
celui qui a perdu deux *parties* de ſuite qui pro-
poſe à la *troiſieme* un pari plus conſidérable ;
les *parieurs* qui donnent dans ce *panneau* s'en
repentent , puiſque ce joueur qui avoit paru
juſqu'alors le plus foible gagne la *partie*. L'on
ſent bien que ces *égreffins* ont une maniere de
s'annoncer , qu'il faut que l'un d'eux tombe
dans des fautes volontaires au profit de celui
qui doit gagner la partie. Ils ont d'ailleurs
dans la *galerie* un autre aſſocié qui pouſſe &
met les encheres ; c'eſt le *majordome* du
tripot & le directeur des fonds de la caiſſe ,
quoi qu'il en tourne , c'eſt toujours plus ou

moins l'argent des fpectateurs qui entrera dans leur poche : ils appellent tirer à la *beccaffine*, l'art de mafquer leur habileté fous une feinte ignorance ; & cette fcience eft la mere nourriciere de tous les intrigants. — Il y a un autre *tour* de *paffe-paffe* plus fûr & plus lucratif que je vais démontrer par un exemple : Je fuppofe trois fins *matois*, que je nommerai — *Maurice*, *Gafpard* & *Germain*, ils entrent l'un après l'autre dans un jeu de paume, font femblant de fe méconnoître, ne fe parlent point, — *Maurice* va jouer avec un amateur, *Gafpard* & *Germain* reftent comme fpectateurs dans la *galerie*, — la partie commencée, *Maurice* parie*tant* pour lui, *Gafpard* tient le pari, & *Maurice* perd la partie ; — alors *Gafpard* propofe à la revanche dans la *galerie* de parier *pour* ou *contre*, on fe garde bien de parier pour *Maurice*, qui a perdu, & *Germain*, pour donner l'exemple, parie contre lui, en difant, qu'il connoît le jeu de *Maurice*, qu'il l'a vu jouer ailleurs, & que cette fois il s'eft trop aventuré, ce propos décide les réfolutions, les parieurs s'animent, la fomme des *pari* s'accumule, *Maurice* les tient tous, gagne fa revanche & les *touts* fuivants. Si la même partie eft remife à un autre jour , l'on peut préfumer que l'on pariera toujours pour *Maurice* ; mais alors *Germain* s'avife de parier contre , — & *Maurice* , réfolu de perdre ce jour-là , ne rifque que peu d'argent contre fon joueur , afin que *Germain* , qui a parié contre lui , gagne toute la recette des *pari* ; *Gafpard* joue auffi fon rôle ; il a parié , pour jeter de la poudre aux yeux , une petite fomme pour *Maurice* , & jure comme un diable dans la *galerie* , en pré-tendant que *Maurice* devroit gagner , — celui-ci , par leurre , feint d'être fatigué des propos de *Gafpard* , prend difpute avec lui , de forte qu'il faut encore que les fpectateurs mettent le *hola* ; fi , par hazard , cette fociété eft forcée de changer la combinaifon qu'elle a établie d'avance fur l'événement de la féance , alors *Gafpard* & *Germain* tâchent de pren-dre à propos le moment de couvrir les *pari* , *pour* & *contre* , afin de tenir l'équilibre entre le gain & la perte — & tandis qu'on croit que ceux-ci ne fuivent que le jeu des joueurs , leur imagination travaille , ils combinent habile-ment fur le bout du doigt les regles de leur arithmétique , fe parlent des yeux ou par fignes , & s'avertiſſent du produit ou de la perte qui réſultera de tous leurs viremens ; leur calcul eſt toujours fondé ſur des combinaiſons ſûres ; *Maurice* entend , ſuivant les termes dé l'*argot* , tout ce que ſes aſſociés veulent lui faire comprendre , & dirige ſon jeu en conſéquence ; enfin la ſociété ſe contente ſouvent de peu , faute de mieux , & ſi ſur *vingt louis* balottés dans les pari , elle ne peut en tirer un jour que *cinq* , elle ne perd pas l'eſpoir un autre jour de faire *rafle* du reſte ; toute cette intrigue qui échappe à la pénétration des ſpectateurs , eſt d'autant plus difficile à débrouiller , que ces *trois compagnons* , comme je l'ai déja dit , affectent ſcrupuleuſement de n'avoir aucune intimité entre eux , & éloignent avec ſoin tout ce qui pourroit donner ſoupçon à cet égard ; s'ils ſe parlent en public , c'eſt comme des étrangers qui conſulteroient un joueur ſur les riſques qu'ils peuvent courir en pariant leur argent pour lui. —On ſent bien que plus le joueur aura des aſſociés dans la *galerie* , plus la ſociété attrapera de l'argent. — Toutes ces eſcroqueries peuvent ſe varier de mille manieres ; car parmi cette cabale , avant d'obtenir le titre de profeſſeur , il faut avoir montré , par son industrie , que l'on étoit déja *Maître juré fripon.* — **Les** amateurs expérimentés , en voyant pour la premiere fois un nouveau joueur , décident assez de sa force par son développement & la façon dont il se porte malgré lui à la balle ; il est vrai qu'il met en usage toutes sortes de simagrées pour cacher son jeu , mais c'est une raison de plus de s'en méfier ; car dans un jeu d'adresse , comme la *paume* , la fortune suit le plus habile , & les rusés joueurs inconnus dans un endroit , ne font paroître de leur science que ce qu'ils veulent ; il est donc prudent , avant de se hasarder de jouer contre eux , de dévoiler leur intention. Il m'est arrivé souvent de ne pas me tromper sur l'accord de plusieurs aventuriers qui cherchoient des dupes , & de découvrir les associés du joueur parmi les spectateurs ; l'on ne peut, dans ces occasions, que communiquer ses soupçons aux amateurs pour lesquels on s'intéresse , & rester après en silence , car l'inconnu qui est à côté de vous pourroit bien être un *initié* dans le mystere ; ce qui favorise le plus ces manœuvres , c'est la facilité avec laquelle les particuliers risquent leur argent contre quelques *paumiers* qui dans ce temps-ci font devenus gros *parieurs* , & fe métamorphofent dans différens endroits en amateurs ; l'on fent bien que ces *routiers* de la balle ne jouent & ne parient que pour doubler leur argent ; fi par hafard on les gagne , on ne peut refufer des *revanches* à des fubalternes que l'on ne veut pas dépouiller par délicateffe; & il arrive qu'à la fin des féances , par le moyen des *paroli* ou de l'augmentation des *pari* , ils emportent encore l'argent des amateurs qui ne vouloient que les faire racquitter. — Les garçons *paumiers* fe mêlent auffi de l'agiotage, on leur permet tacitement d'avoir part au *gâteau* , afin qu'ils aident à amorcer le joueur que *l'on veut enfiler* ; en conféquence dès que la partie commence, le *marqueur* fuppofe qu'il y a un *parieur anonyme* qui parie telle fomme pour le *côté* du *dedans* , (parce qu'il eft fuppofé que le joueur , fur l'habileté duquel il fonde fon profit, eft alors de ce *côté*) mais il eft arrivé que l'adverfaire qui avoit tenu le pari fans autre information , gagnoit la partie contre l'attente du *marqueur* & des autres : il avoit beau demander la fomme qui lui revenoit, ou du moins le nom de fon *parieur* — Va-t-en voir *s'ils viennent Jean* ; le *marqueur* étonné comme un *fondeur de cloche*, croyoit parer à tout , en difant , que l'*ano-nyme* venoit de difparoître , — ainfi l'*ano-nyme*, en cas de perte difparoiffoit, & en cas de gain , c'étoit le *marqueur* qui fe chargeoit de prendre la fomme pour lui. Ces équivoques annulloient la confiance, afin de les prévenir ; le *marqueur* , qui annonce qu'un *inconnu* parie tant pour tel *joueur* , eft obligé lui-même, de jeter la fomme pariée fous la *corde* , & celui qui tient le *pari* , ne s'informe pas quel eft le *parieur* qui garde l'*incognito* , puifqu'il a fon hypotheque affurée.

Je crois en avoir affez dit fur cet article pour infpirer de la prudence aux amateurs. Je n'ai défigné perfonne , afin que ceux qui font ré-préhenfibles de tels brigandages faffent paroî-tre , par une réferve décente , que je n'ai pas voulu parler d'eux ; j'ai déjà prévenu auffi qu'il ne falloit pas prendre au *pied de la lettre* , ni en général , tout ce que je dis à l'égard des *paumiers*. Il y a dans tout état des gens hon-nêtes , — toutes ces fourberies font plutôt exer-cées par des joueurs ambulants , auxquels le titre d'aventurier peut convenir ; la force des fameux joueurs eft trop connue , & ils font trop connus eux – mêmes pour en impofer beaucoup à cet égard ; on ne doit pas les foupçonner d'intrigues frauduleufes ; ils favent que leur talent , fecondé d'une réputation honnête , leur facilitera un jour un accès lucratif & honorable dans la maifon de quelques Princes , comme c'eft leur principale ambition. Ils tâchent de mériter cette prédilection par leur honnêteté & leur franchife , ils ne peuvent faire des parties avec les amateurs , qu'en leur cédant des avantages qui les éblouiffent ; ils ont d'ailleurs tant de reffources ignorées de la multitude , pour communiquer à la *balle* des effets extraordinaires , qu'ils font prefque toujours affurés , en amufant leur joueur, d'en venir à leurs fins ; — car une étude particuliere des *paumiers* entre eux , c'eft de s'exercer par un certain tour du *poignet* à faire rendre à la *balle* des effets bizarres , ils appellent cette méthode *travailler la balle* ou tirer la *botte fecrete* , de forte qu'un amateur qui ignore cette aftuce , & qui n'a pas la fcience de la rendre inutile , eft bientôt dérouté par l'effet des *balles travaillées* ou par le coup des *bottes fecretes.*

Mon Lecteur s'eft trouvé fûrement plus ou

moins

moins dans les circonstances que j'ai détaillées.
Il sait que hors du jeu , son imagination lui
rend tout aisé , il songe qu'il peut prendre les
attitudes des habiles joueurs, qu'il peut relever
de même la *balle* , & le desir de rendre ces
illusions véritables le conduit à la *paume* ; mais
il éprouve que dans les arts , il faut que nos
facultés corporelles s'exercent long-temps ,
avant que nos mouvements parviennent à être
d'accord avec notre pensée qu'il doit être
routiné un million de fois sur la même *chance*
d'une *balle*, avant de la pouvoir juger & jouer
en même temps ; en un mot , il doit s'attacher à trois choses principales, 1°. à connoître
d'abord le jeu de son adversaire , ses moyens
d'attaque & de défense, 2°. à prévenir son intention pour n'être pas pris en défaut en se
plaçant le plutôt possible aux effets de la *balle*,
3°. ne faire aucun mouvement inutile ou à
contre-temps, & s'accoutumer à suivre de l'œil
la *balle* pour s'y porter plutôt modérément,
qu'à s'y précipiter contre ; & comme la perspicacité de chaque joueur varie autant que
leurs différentes manieres de se porter à la
balle , celui qui combine le plus vîte , est plus
sûr aussi de réussir dans l'exécution.

R

J'ai déjà dit qu'un joueur de *paume* devoit tirer parti de tous ses moyens naturels pour devenir aussi habile qu'il peut l'être ; s'il est d'une taille moyenne, il voit venir la balle *coupée* dans une ligne plus proportionnée à sa hauteur, il peut mieux la juger & la relever de *demi volée*, soit dans ses *filées*, soit dans ses *portées*. Il doit donc moins s'attacher à prévenir la *balle* de volée que le joueur de haute taille ; car celui-ci étant forcé de plier beaucoup le corps pour se mettre dans des coups rapides au niveau de la *balle*, emploie plus souvent la volée pour s'épargner cette contrainte, accoutumé à atteindre de loin la *balle*, sans faire beaucoup de mouvement, il fatigue par sa volée prise de tout côté son adversaire, qui ne peut le vaincre qu'en dérobant la *balle* de sa portée. J'ai vu de tels joueurs, qui, joignant beaucoup de force dans le poignet à une volée sûre, tiennent toujours les bras étendus dans le jeu de paume qu'ils semblent embrasser, & gênent d'autant plus leurs joueurs, que ceux-ci les croient toujours *par-tout*. Un joueur de haute stature a communément les mouvements plus lents que celui qui l'a plus petite, l'un supplée, par fa légéreté, à l'avantage que la longueur des membres peut donner à l'autre ; quoi qu'il en foit, l'on voit des joueurs de haute ou petite taille également habiles, l'effentiel c'eft le jugement, & le coup d'œil, que les autres difpofitions ne font que feconder ; mais un joueur qui fe fatigue promptement ne deviendra jamais trop habile, fur-tout dans la *partie feul à feul*, tous fes moyens s'anéantiffent bientôt avec fes forces, & il refte dans le regret de ne pouvoir exécuter ce que fon jugement lui dicte. Il eft donc de fon intérêt de modérer fon ardeur, de forte qu'il puiffe relever long-temps la balle (fur-tout du côté de la grille où l'on fait qu'il ne faut prefque jamais la laiffer tomber), & que fes forces ne foient pas épuifées avant la fin de la féance.

Des paffions d'un autre genre, & fûrement plus ruineufes, ont remplacé le goût des jeux d'exercice ; l'on comptoit autrefois dans chaque Ville plufieurs jeux de *paume*, & le nombre des amateurs étoit auffi plus confidérable ; il exiftoit, il y a près de deux fiecles, à *Lyon*, fept jeux de *paume*, il n'y en a actuellement que trois, dont un feul eft le plus fréquenté ; l'on comptoit à *Mâcon*, petite

Ville du *Mâconnois* , trois jeux de *paume* , & ils ont été depuis transformés en angars ou entrepôts pour les vins. Les amateurs qui voyageoient trouvoient, même dans les Villes du fecond ordre , des jeux pour s'amufer , & maintenant , à peine dans les grandes Capitales des Provinces en trouveroient-ils deux , l'on n'en voit qu'un à *Bordeaux* , qui vient même d'être conftruit , & qui , la plus grande partie du temps eft défert. — Il y a plufieurs Villes où les Salles de fpectacle ont été conf-truites fur le pavé d'un jeu de *paume* ; dans d'autres , le Maître *paumier* trouve plus fon intérêt à louer pour un temps fon jeu à des Démonftrateurs de marionnettes ou à une Troupe d'Acteurs ambulants , ou à des Marchands de bled pour leur magafin ; l'on peut donc préfumer que le nombre d'amateurs de la paume diminue infenfiblement. — Il y a encore un abus très-répréhenfible dans quelques Villes de Garnifons , le *Militaire* s'empare du jeu de paume , & ne fouffre point que le Bourgeois Citadin vienne s'y amufer ; l'on ne peut regarder les Officiers comme Citoyens , puifque par état ils font toujours Cofmopolites , de forte que dans ces Villes le Particulier ne peut devenir ni joueur, ni amateur, il ne peut entrer dans un jeu sans s'expofer à des infultes ou à des querelles, il feroit toujours la victime d'une paffion qu'il feroit obligé de défendre les armes à la main ; car l'on fait jufqu'où l'Officier fe porte à des injuftices par bravades ou efprit de corps. — J'ai décrit le jeu de *Châlons-fur-Saône*, dont les *batteries* font en bois ; c'eft bien pis à *Limoges*, où l'on dit que tout le jeu de *paume* n'eft qu'une conftruction en charpente, les grands murs font remplacés par une élévation de planches & de plateaux joints enfemble ; l'on peut juger du bruit & de l'effet de la *balle* contre un tel appentis.

ARTICLE XXXVII.

Des précautions à prendre pour fa fanté quand l'on joue à la paume.

JE peux donner encore quelques confeils à ce fujet, & ce ne fera pas anticiper fur les droits des Médecins ; tous les joueurs qui font dans l'intention de faire plufieurs parties, connoiffent la néceffité, fur-tout dans l'été, de changer de linges ; mais ils doivent prendre garde

ſi les chemiſes ou *camiſoles* que le maître *pau-*
mier leur loue ſont bien ſeches ; car dans un
jeu fréquenté, où ce *paumier* fournit tous les
jours pluſieurs chemiſes, la ſervante eſt ac-
coutumée à ne faire qu'une leſſive très-
prompte, elle prend le ſoir toutes les chemiſes ou linges qui ont ſervi dans la journée,
les ſecoue encore impregnés de la ſueur du
joueur dans l'eau froide, & les étend tout de
ſuite ſur un cordage, la maîtreſſe de la maiſon
penſe encore qu'il eſt inutile de faire repaſſer
ce linge, puiſqu'il faut qu'il reſſerve le lendemain, elle ne fait que le plier à moitié ſec ; un
joueur impatient de figurer avec ſa *raquette*,
ne murmure ſur la froideur qu'il reſſent en prenant cette chemiſe que le temps qu'il lui faut
pour la mettre, & entre bientôt dans le jeu,
c'eſt-là, que s'étant mis en mouvement, la
chaleur de ſon corps fait évaporer l'humidité
du linge, il ſe trouve alors environné de fu-
mée comme s'il étoit dans une *chaudiere.* —
Les *camiſoles* de baſin ſe prennent auſſi ſans
autre préparation ; ſi un joueur en quitte une,
on ſe contente ſouvent de l'expoſer à l'air, &
après de la replier ; on la préſente enſuite à
un autre joueur, comme ſi elle avoit été leſſi-

vée : l'on sait que l'exercice ouvre les pores, & l'on peut penser au danger que l'on peut courir, soit par des miasmes vénéneuses, soit par une transpiration arrêtée; j'ai vu dans des Villes de Province, des étendages de linges au haut des *filets*, garnis de chemises que le vent agitoit, il falloit jouer devant cette décoration ressemblante à des spectres en l'air; si un joueur, avant d'entrer dans le jeu, desiroit prendre du linge, une servante montoit aux *filets*, décrochoit une chemise, & la présentoit au joueur, qui s'empressoit de s'en revêtir. ——Il en est de même des bas, des souliers, que le *paumier* fournit encore ; mais il vaudroit mieux que le joueur gardât ceux qu'il a que de se servir d'une chaussure à l'usage de toute sorte de pieds, dont mille gens se sont servis, & dont la mal-propreté occasionne la meurtrissure, l'échauffement & la lassitude ; un joueur, alors en mouvement & en transpiration, ne peut que repomper par ses pores le venin de ces hardes que la chaleur a exaltée, & qui peuvent être infectées d'un levain dangereux ; mais la passion de la *paume* fait passer sur toutes ces précautions, & un exercice que l'on prend souvent par raison de santé, devient aussi une fource de maladie ; — pour éviter ces inconvénients, tout amateur de la *paume* doit avoir à lui, dans la chambre du jeu, fes hardes pour en changer à fon gré.

ARTICLE XXXVIII.

Du nom des Maîtres paumiers les plus habiles,
& du lieu de leur réfidence actuelle.

CElui qui fait un Traité fur la Peinture ou fur la Mufique, nomme avec raifon tous les Artiftes qui ont acquis une réputation dans ces Arts ; il diftingue leurs talents fuivant le genre qu'ils ont adopté, leur génie, par la beauté de leur compofition, & la fenfibilité de leur ame par l'expreffion & le caractere des figures de leur tableau. Toute fcience qui exige différentes combinaifons de la part de celui qui exécute, eft un Art ; il eft donc jufte que je donne auffi l'énumération des fameux *Paumiers* qui pratiquent ce jeu par état, & des amateurs qui le cultivent par amufement ; comme la réputation des anciens joueurs s'eft éclipfée dans l'obfcurité des temps paffés, je ne peux citer que ceux du temps préfent. — Les Maîtres

paumiers

Paumiers qui acquirent , il y a trente ou quarante ans , une certaine réputation de force , furent les fieurs *Clergé* , *Farolais* pere , *La Foſſe* , *Barcelon* pere & *Barneon* ; — le fieur *Clergé* étoit le plus vanté par la violence de fon premier coup qu'il ajuſtoit parfaitement ; c'étoit l'homme qui jouoit le mieux la *partie de quatre* , ne prenant que les coups qu'il devoit , fuivant la regle , relever , & avertiſſant fon *fecond* , *fort* ou *foible* , de fe préfenter à la balle ; bien différent des autres *paumiers* qui rendent leur *fecond* inutile , en s'emparant de tout le jeu. — Quand *Clergé* avoit pris le *fer-vice* , il s'avançoit au *dernier* , paroit de volée ; les coups de *batteries* relevoient les grands coups croifés ou ceux du *tambour* , & avertiſ-foient fon *fecond* de jouer les autres ; il fe plaçoit du côté du *dedans* fur la *raie* de *quatre carreaux* près du *poteau* , paroit *d'avant* ou *d'arriere-main* les coups *de boſſe* , ou les coups *coupés* contre le grand mur , aimoit mieux laiſſer faire *chaſſe* à la balle que de fe déplacer , & laiſſoit jouer à fon *fecond* tous les autres coups ; perfonne , en un mot , n'étoit & ne fera en place dans le jeu , de la force du fieur *Clergé* ; c'étoit d'ailleurs un *paumier* plein

d'honnêteté, ne déguifant point fon jeu, &
l'intérêt qui préjudicie tôt ou tard à la franchife d'un joueur ne le poffédoit pas, car il ne
jouoit jamais de l'argent. — L'on citoit auffi
dans ce temps *Barcelon* pere, qui avoit le
coup véhément, beaucoup de reffources dans
fa maniere, & une belle parade ; — *Farollais*
pere, moins fort, jouoit avec graces & légéreté, furtout la *partie feul à feul*, ainfi que le
fieur *Noblet* de Lyon. — Bien des moyens
manquoient au fieur *Barneon*, à caufe de fa
petite taille, mais pour fuppléer au défavantage qu'elle lui donnoit, il s'étoit étudié à
tirer les ouverts de force ou en hauteur, avec
une juftefle infinie. — Le fameux *Maffon*, dès
fa jeuneffe furpaffa ces virtuofes, & réunit
avec tant d'éclat toutes les qualités néceffaires
à cet art, qu'il fut d'abord cité comme un
joueur merveilleux, qui n'avoit point eu d'égal
& n'en auroit jamais ; il laiffa bientôt loin de
lui les plus habiles joueurs par la fineffe & les
reffources de fon jeu, & par l'art de tirer parti
de tous les incidents : — Légéreté, – coup
d'œil, – jugement fupérieur dans l'attaque &
la défenfe, il poffede tous ces moyens dans un
degré éminent, & ne laiffe rien à defirer dans

l'exécution ; la nature l'a doué d'un sang froid qui le défend des fautes que la vivacité entraîne ; il ne fait point de pas inutile, & semble tout deviner ; il est le premier qui se soit fait des préceptes dont les combinaisons l'ont rarement trompé ; il connoît tous les coups que son adversaire peut lui envoyer de tous les points du jeu, & fait même le forcer à ne pouvoir jouer, pour ainsi dire, que de telle ou telle maniere ; il prévient, par son jugement sûr & prompt, tous les effets de la *balle*, & s'y porte avec tant d'aisance, que l'on est surpris du peu de mouvement qu'il se donne ; sa marche est combinée d'après ses réflexions sur le jeu de son adversaire, & les moyens qu'il doit employer pour le vaincre ; il se sert tour-à-tour de la ruse & de la force, & son grand art, qui a masqué long-temps ses grands talents aux yeux de ceux qui croyoient pouvoir luter contre lui, c'est sa science de prendre en tout sens le défaut de son joueur, qui reçoit toujours la balle dans le point de l'espace où il est déplacé, & qui éprouve bien plus que le spectateur qu'il n'y avoit qu'un tel coup qui pût le faire tomber en faute ; l'adresse du sieur *Masson* est donc de tenir toujours en suspens fon adverfaire, par fes attaques qu'il varie fupérieurement, n'employant qu'à propos les coups de forcé ; on l'a vu fouvent, dans fa défenfe, fe placer dans un endroit où lui feul devinoit que fon adverfaire alloit l'attaquer, c'eft ce qui faifoit dire qu'il *étoit toujours partout* ; d'autres fois il étonnoit les fpectateurs par l'attitude qu'il prenoit tout de fuite pour relever des coups, pour ainfi dire, imprenables ; point de joueur plus affuré de tirer la balle où il veut, & pour marquer fon adreffe en ce genre, il fe plaçoit contre le *poteau* du *dedans*, & parioit, dans trois coups de *balle*, d'abattre en ligne directe ou par *bricolle*, un verre pofé fur le mur de la *grille* : il réuffiffoit fouvent du premier coup ; — il faifoit aux amateurs très-forts des parties étonnantes par leur difficulté : l'on plaçoit deux tonneaux, l'un du côté du *fervice* & l'autre du côté de la *grille*, le fieur *Maffon* fervoit l'amateur de dedans le tonneau, en reffortoit pour jouer la *balle*, & devoit y rentrer tout de fuite avant que l'amateur eût renvoyé la même *balle*. — Quand l'amateur à fon tour *fervoit*, il étoit obligé d'attendre dans le tonneau, placé du côté de la *grille*, d'où il fortoit comme un oifeau, pour prendre le *service* que son adverfaire tâchoit de lui envoyer vif & ferré, afin qu'il n'eût pas le temps d'y être ; l'on peut penfer combien, fuivant les mouvements confécutifs & différents qu'il étoit obligé de faire, il tiroit parti de fon jugement & de fa légéreté ; car fortir d'un tonneau, juger la *balle*, la jouer, rentrer dans le tonneau & en reffortir, étoit, pour ainfi dire, l'action du même moment, & quoiqu'il ne pût pouffer la *balle* qu'en hauteur, pour avoir le temps de reffauter dans le tonneau & d'en reffortir pour la renvoyer, il avoit encore l'art de prendre les défauts de fon adverfaire, d'ailleurs encore toutes les *balles* qui touchoient les tonneaux, faifoient auffi gagner *quinze* à fon adverfaire ; d'autre fois, on l'a vu monté fur un âne déferré des quatre pieds, qu'il conduifoit avec un bridon, jouer ainfi des amateurs, fi la marche lente de l'animal rétif l'empêchoit d'atteindre à la *balle* qu'on lui coupoit de *coin* en *coin*, il penchoit de tout côté avec facilité fon corps, & s'allongeoit de maniere qu'il fembloit tourner autour de l'animal. — Une des parties les plus fortes qu'ait fait le fieur *Maffon*, c'eft de jouer feul à *Fontainebleau* contre les fieurs

Charrier & *Clergé*, auxquels il rendoit encore demi-quinze ; le fieur *Clergé* primoit, & le fieur *Charrier* fe contentoit de *féconder*. — Il y a vingt ans que le fieur *Maffon* étoit dans toute fa force, il eft âgé à préfent d'environ quarante-cinq ans, fes talents ont excité l'émulation des autres *paumiers*, qui vouloient à l'envi l'égaler, mais qu'il a laiffé toujours derriere lui. — Le fieur *Charrier* (dont je viens de parler) fon contemporain, voulut être en même temps fon émule, il faifoit valoir fes prétentions par des moyens brillants ; c'étoit le *paumier* qui paroit plus nettement le *coup de boffe*, & attaquoit le dedans avec plus de jufteffe, quand il étoit aux prifes avec le fieur *Maffon*, ils paroient & relevoient tous deux avec tant d'aifance les coups les plus difficiles que l'on étoit incertain qui des deux alloit faire faute, & il falloit bien que le fieur *Maffon* annonçât fa fupériorité par l'art étonnant de placer continuellement fa *balle* dans le défaut de fon adverfaire, puifqu'il rendoit près de *quinze* au fieur *Charrier* : celui-ci plus incertain de la pofition qu'il devoit prendre par les furprifes qu'il avoit éprouvé, perdoit peu à peu fon avantage vis-à-vis d'un homme, qui le tenant continuellement en fufpens par fes attaques, faififfoit le temps pour le vaincre; tous deux furprenoient les fpectateurs par leur moyen d'attaque & de défenfe, mais l'un étoit plus favant dans fes combinaifons, plus affuré dans la marche de fon jeu que l'autre, ce n'é-toit auffi que le fieur *Maffon*, qui pouvoit l'emporter fur le fieur *Charrier* ; car celui-ci auroit eu dans ce temps la réputation du plus habile joueur, fi le premier n'eût pas exifté. —L'on peut dire qu'il n'y a jamais eu un fi grand nombre de *paumiers* auffi habiles qu'à préfent, la plupart ont réuffi à furmonter toutes les difficultés de ce jeu pour égaler ceux qui les ont précédés; l'on peut citer dans ce moment pour des *paumiers* de la plus grande force qui ayent paru, les fieurs *Barcelon* fils, & *Bergeron* cadet, le premier, par le dévelop-pement agréable de fes mouvements, peut être regardé comme un modele de précifion & de graces, bien fait de corps, il joint, dans fa maniere de jouer, autant d'habileté que de lé-géreté, il peut être cité comme le joueur que la nature a choifi pour fervir de modele, puifqu'il peut être deffiné dans toutes fes atti-tudes, & ce qui augmente le mérite de fes qualités , c'eſt ſon caractere , qui eſt auſſi doux que ſa conduite eſt honnête , l'on dit auſſi que c'eſt un joueur charmant , & les amateurs aiment par préférence jouer avec lui. — Le ſieur *Bergeron* n'a pas trompé l'opinion que l'on avoit de ſes diſpoſitions , ſes progrès ont été rapides ; c'eſt le *paumier* qui a le plus de moyen pour ſurpaſſer tous ſes rivaux , il poſſede à un degré égal la force , l'adreſſe & la ruſe ; doué d'un jugement prompt , il ſe porte rapidement à la *balle* qu'il coupe & releve parfaitement , — hardi à innover des coups , habile à tromper ſon adverſaire , il le ſurprend ou par des coups d'autorité , ou par des effets inattendus qu'il communique à la *balle* , il a la volée plus ſûre qu'aucun *paumier* , il s'en ſert habilement pour prévenir des coups embarraſſants , il s'eſt tellement étudié à *travailler la balle* , que l'on peut dire qu'il a le jeu le plus difficile à vaincre ; les *parieurs* qui ſont de ſon côté ne doivent jamais perdre l'eſpérance , car quoique ſon adverſaire ait pris plus de jeu que lui , la prudence dirige plus que jamais ſes combinaiſons , il redouble ſes reſſources avec tant d'activité qu'on l'a vu gagner des parties que l'on croyoit qu'il de-

voit

voit perdre. La voix publique le défigne d'a-
vancé pour approcher de plus près des talents
du fieur *Maffon*.

En parlant des talents des artiftes & faifant
abftraction de leurs mœurs , le fieur *Pilet* ,
Anglois , très-connu (& dont j'ai déjà parlé
à l'article du battoir) doit trouver ici fa place ;
la nature en lui accordant des talents en plus
d'un genre, lui a refufé un tempérament qui
le mette à même de les cultiver , c'eft l'homme
en qualité de joueur de *paume* , qui a les
moyens les plus brillants , d'une taille avanta-
tageufe , & d'une force proportionnée à fa
corpulence, il en tire parti dans fa maniere de
jouer , il a le coup de *balle* très-dur , & dans
fon attaque & fa défenfe qu'il a impofante , il
fe tient le plus fouvent au milieu du jeu pour
fe fervir de la volée ; la violence de fon caractere fe manifefte fouvent dans fon jeu un
peu turbulent ; mais cette pétulance excite
fouvent l'intérêt des fpectateurs , car l'on aime
à côté du calme être témoin de quelque tem-
pête , ainfi le fieur *Pilet* , par la vivacité & les
rumeurs où l'entraîne dans le jeu fon action
véhémente , peut quelquefois être comparé à
un ouragan. Ce feroit le virtuofe le plus capa-

ble de donner des leçons aux amateurs par la grande connoiſſance qu'il a des effets de la *balle*, & par la juſteſſe de ſon élocution & de ſes déciſions; il auroit pu encore ſe ſervir pour ſa fortune d'un autre talent, c'eſt de conſtruire & tourner des *raquettes*, car il eſt l'Artiſte le plus fameux en cette partie. S'il vouloit ſe livrer à cette occupation, le béné-fice qu'il retireroit ſeroit bien en raiſon de ſa réputation à cet égard ; une *raquette* bien pro-portionnée dans ſes dimenſions juſtes & ſoli-des aſſure le ſuccès des coups des joueurs, & il n'y auroit point de *paumiers* ni d'amateurs qui ne deſirât ſe fournir des *raquettes* que le ſieur *Pilet* auroit travaillé, c'eſt un conſeil qu'on lui a ſouvent donné, mais ſon antipa-thie pour la vie ſédentaire, ſon eſprit d'indé-pendance l'ont porté plutôt à mener une vie ambulante qu'à ſe fixer dans un endroit, & il ſemble ſouvent que la conſtitution de certains hommes, & les circonſtances où ils ſont en-trainés, les empêche de profiter des privileges que la nature leur a accordé ; — le maître *pau-mier* du jeu de paume de *Haimaker* à *Londres*, ſe nomme *Jone Mueken*, il eſt de la force du ſieur *Pilet*.

L'état des *paumiers* & leur intérêt les oblige souvent à se transporter d'une ville ou d'un pays à un autre , leur patrie est l'endroit où ils font le mieux ; j'ai choisi dans le nombre des *paumiers* connus ceux que je vais nommer, & qui résident actuellement ou dans la Capitale , ou dans les villes de province. Il peut y avoir cent soixante *paumiers* qui circulent , soit en France , soit dans les pays étrangers. Quelques-uns d'entre eux , sans égaler les *paumiers* supérieurs que je viens de citer, les approchent de plus près , & sont désignés par une * & un *p*.

Tels *font* — entre autres , à *Paris* , le sieur *Farolais* cadet, & à *Lyon* , le sieur *St. Etienne* ; le premier a le coup plus véhément , mais n'a pas les attitudes dans son jeu si bien développées que le sieur *St. Etienne* , qui juge & releve la *balle* parfaitement , & montre dans les coups difficiles toutes les ressources qu'il a dans sa souplesse , sa légéreté & sa précision.

A PARIS.	A AVIGNON.
Les Srs. *Farolais* le cadet. * *p.*	Le Sr. *Armand.*
Baptiste.	
Farolais.	A GRENOBLE.
Frédéric.	*Darras.*
Morguier.	
Roger.	A GENEVE.
Leclerc.	*Dargincour.*
A LYON.	A BESANÇON.
Les Srs. *St. Etienne.* * *p.*	*Verner.*
St. Victor. *	

<table>
<tr><td>À TOULON.
Sirol.</td><td>A ORLÉANS.
Durand. * p.</td></tr>
<tr><td>A NANTES.
Les Srs. Rucoir. * p.</td><td>A VIENNE
EN AUTRICHE.
Le Sr. Guiot.</td></tr>
<tr><td>A RHEIMS.
D'Autray.</td><td></td></tr>
<tr><td>A NEVERS.
Bergeron l'aîné. * p.</td><td>A LONDRES.
Jones Mueken. * p.</td></tr>
</table>

Les autres *paumiers* approchent plus ou moins de la force de ceux qui viennent d'être cités, comme la maniere de chaque joueur varie fuivant fon organifation ; les uns ont un jeu de vigueur, d'autres ont un jeu plus léger, plus déployé ; les uns ont le coup *d'arriere-main*, plus décidé que celui *d'avant-main* ; d'autres ont une volée impétueufe, mais relevent difficilement les *balles coupées*. Si la fortune eût forcé certains amateurs à pratiquer par état un jeu qu'ils ne fuivent que par récréation, ils auroient fûrement égalé les plus fameux *paumiers*, — ceux-ci, la plupart *enfants* de la *balle*, ayant préfque toujours la *raquette* en main, parviennent à la fin par une habitude mécanique à vaincre les obftacles ; au lieu qu'un amateur eft fubordonné à mille circonftances qui ne lui permettent que de jouer par intervalle ; plus il s'abfente du jeu, moins

il acquiert l'habitude d'une prompte combinaifon , il éprouve que ceux qui ont fréquenté
le jeu en même-temps que lui , mais qui ont
plus joué , le furpaffent par leur affurance à fe
placer fur les coups , & à les décider , ce jeu
demande une affiduité ftudieufe ; l'amateur
qui a des difpofitions doit fe laiffer conduire
par fa paffion , il ne peut devenir habile malgré les qualités qu'il peut avoir d'ailleurs qu'en
s'exerçant beaucoup ; les amateurs qui ont
ont fuivi leur goût à cet égard ont dû être
flattés de leur fuccès , puifqu'il en eft qui en
partie de *quatre* tiennent auffi-bien leur place
que des habiles *paumiers*,

CHAPITRE XIV.

Du nom des Amateurs les plus habiles , &
du degré de leurs forces.

LEs trois amateurs , il y a vingt ans , les
plus forts , étoient à *Paris* , MM. de *Montville*
& *Gaulard* , & à *Orléans* , M. *Bolandri*. — M.
de *Montville* s'entouroit dans fes attitudes de
toutes les graces , & fembloit ne jouer que
pour les déployer ; il leur facrifioit fouvent la
folidité des coups , car il s'il faifoit une partie

intéressée avec M. *Gaulard*, le jeu solide & nerveux de celui-ci étouffoit les graces de l'autre, & la perte étoit le plus souvent du côté de M. de *Montville*. — L'on citoit M. *Tourneporte*, comme le joueur qui avoit la volée en secondant la plus foudroyante, il tenoit sa raquette comme au jeu de volant. — Dans le même temps M. *Bolandri* faisoit parler de lui à *Orléans*, c'étoit le plus fort amateur qui eût paru, il tenoit tête aux *paumiers*, & auroit rendu près de *quinze* à MM. de *Montville* & *Gaulard*, qui jouent à présent très-rarement. L'on citoit à *Lyon* M. *Bessieres*, qui n'existe plus ; il avoit un beau jeu, mais il avoit la manie de juger en géometre toutes les réactions de la *balle* dans ses *portées*, & quand elle ne décrivoit pas des angles aussi courts & aussi allongés qu'il l'avoit combiné, il attribuoit ses effets au hasard. — M. *Turlot* de *Dijon*, avoit aussi de la réputation par la netteté & solidité de son jeu ; de même qu'à *Grenoble* M. *Arthaud*. — M. *Reverdy* de *Châlons-sur-Saône*, dont j'ai déja parlé, est, je crois, en France, le plus fort amateur de ce temps ; il juge, releve & coupe bien la *balle*, se sert avec avantage de sa haute taille foit dans les coups de volée, foit dans fes autres développements, fon adverfaire ne doit pas fe flatter, avec plufieurs jeux d'avance, de gagner la partie, c'eft alors que M. *Reverdy* fait plus d'ufage de tous fes moyens, il rattrape bien vîte le terrein qu'il a perdu, & fon adverfaire, malgré fes efforts, fuccombe, au grand étonnement des fpectateurs; il a le mérite rare de combiner & d'agir toujours de fang froid, paroiffant infenfible à la crainte de perdre de gros *pari*; il pourfuit fa marche fans clameur, fans emportement, & joue avec autant de prudence & d'activité la dixieme *partie* comme la premiere; M. *Reverdy* eft un exemple de l'afcendant qu'ont les joueurs tranquilles fur ceux qui, fe dépitant à tout moment contre les chances du jeu, font dans une agitation qui nuit toujours à leurs facultés. — Les joueurs, à *Paris*, que l'on met à préfent au premier degré de force d'amateurs, font M. *Desjobert*, M. de *Can de Chatteville*, M. de *Bertemon*, M. de *Vomarde*, M. *Meunier*, & M. le Mqs. de *Champcenet* : le premier, avec peu de moyens apparents, d'une conftitution délicate, eft parvenu à furpaffer tout de fuite les autres amateurs de la Capitale; il s'eft voulu modéler fur fon Maître le fameux *Maffon*, qui lui a donné long-temps des leçons qu'il a mis à profit foit par la façon de diriger fon jeu foit par celle de fe porter à la balle, de la couper & de la relever. — Quand il prenoit des leçons du fieur *Maffon*, il chauffoit des fouliers dont la femelle étoit de plomb, afin de fe trouver plus léger quand il s'exerçoit avec une chauffure ordinaire contre d'autres particuliers. — M. *de Can de Chateville* a toutes les qualités pour faire un habile joueur; bien pris dans fa taille, il joint la force à la légéreté & à l'adreffe, il a tous les moyens d'attaque & de défenfe & joue avec aifance de volée. — M. de *Bertemont*, de tous les amateurs & même des *paumiers*, eft celui qui, dans fes attitudes, a le développement le plus noble & le coup le plus impofant; il a les moyens les plus brillans dans fon attaque & fa défenfe pour furpaffer les autres joueurs, s'il pouvoit toujours regarder avec indifférence les effets de la *balle* qui ne fuivent pas fon intention. — M. de *Vomarde* eft l'amateur qui a le moins de prétention fur fa fcience, & combine le mieux la maniere de jouer de fon adverfaire pour l'attaquer du côté de fes

moyens

moyens les plus foibles ; il connoît parfaitement l'avantage des mauvais fervices , & les
emploie à propos pour dérouter fon joueur.
— M. *Meunier* eft , de tous les amateurs de
Paris , celui qui coupe la balle le plus rapidement , il a beaucoup de volée , il faut que
quelque intérêt l'anime pour lui faire déployer
tout fon jeu , c'eft pourquoi il joue mieux la
troifieme partie que la premiere. — M. le Mqs.
de *Champcenet* eft l'émule de M. de *Can* ; dans
les *parties de quatre* où il feconde très-bien ,
comme il connoît le degré de force de chaque
joueur , il eft très-circonfpeét dans la maniere
de dirigerfes pari , & ne fe hafarde qu'en con-
noiffance de caufe ; il a la coutume , avant de
renvoyer la balle d'*arriere-main* , d'agiter fa
raquette comme le balancier d'un pendule ;
peut-être croit-il par-là donner plus de vélocité
à fon coup ; quoi qu'il en foit , c'eft un des
amateurs qui a le jeu le plus folide & le moins
fautif. — Il y a nombre d'amateurs , à *paris* ,
de la feconde force ; mais ceux dont la fcience
s'éloigne le moins des forts amateurs que je
viens de défigner , font M. de *Keumadeure* ,
M. *Laurent* , M. le Chev. *Moufle* , M.
Bayard , M. le *Boffu* , M. le Chev. de

Montigny , M. *Labbé* , M. de *Châteaublond.*
— M. *Labbé* doit être distingué par sa maniere singuliere de jouer ; c'est l'amateur qui
peut le mieux masquer sa force par un air d'i-
gnorance affecté , il tient sa *raquette* par le
milieu du manche , renvoie la balle par un
simple élan du poignet , & modere tellement
à son gré sa supériorité , que l'étranger qui le
voit jouer se croyant aussi fort , n'hésite pas à
faire avec lui une partie. — M. *Labbé* ne le
détrompe que peu à peu de son erreur , il dispute peu sur les avantages que son adversaire
exige , & ne montre son habileté qu'à proportion de ces avantages ; on l'a vu quelquefois
céder à son joueur plus d'avantages qu'il ne
demandoit pour faire élever les *pari* , & plus
les *pari* font considérables, mieux il joue ; c'est
alors qu'il précipite sa marche , qu'il paroît de
la plus grande force ; point d'amateur ne juge
mieux la *balle* , ne la releve , & ne fait comme
lui user de *rubriques* pour dérouter son joueur
& lui prendre les défauts : il faut le voir courir
dans des moments décisifs , il semble qu'il
roule sur les carreaux : aussi infatigable que
hardi dans la mauvaise fortune , on le voit ,
après avoir perdu plusieurs parties , céder

encore à son adversaire des avantages pour engager les parieurs à doubler leur *pari* contre lui, & on le voit vaincre & se mettre par-là au-dessus de sa perte, contre l'attente des spectateurs ; il fait à d'autres amateurs la partie d'un côté aussi habilement qu'un *paumier* ; enfin M. *Labbé* est le joueur qui doit le plus étonner par la maniere qu'il a adoptée, suivant le système physique de son organisation aussi singuliere que son jeu ; & les plus forts amateurs ne veulent point même accepter les parties qu'il leur propose, parce qu'ils savent que l'étendue de sa force qui semble bornée au premier coup d'œil, est dans d'autres momens illimitée.

Il ne faut pas croire qu'il y ait seulement à *Paris* de forts amateurs ; les mêmes dispositions, les mêmes qualités se retrouvent dans les particuliers qui résident dans les Provinces où il y aussi des joueurs de la premiere & seconde force — par exemple, à *Lyon*, on doit mettre M. *Ricard* au nombre des amateurs de la premiere force ; il peut tenir tête aux plus forts amateurs, il juge bien la *balle*, la pare de *volée* avec précision, la coupe avec véhémence, de sorte que son premier coup est

très-difficile à relever , il ajuste bien , & joint
dans sa maniere autant d'activité que de force;
les forts amateurs ses rivaux ne pourroient
l'emporter sur lui que par leur tranquillité sur
les événements , que M. *Ricard* ne conserve
pas toujours dans l'action de la partie. — M.
Imbert est un des joueurs qui, par la connois-
sance qu'il a des principes de ce jeu , se place
le mieux dans les parties de quatre à la parade,
il met , dans sa maniere de prendre les défauts , plus de finesse & d'adresse que de force.
— M. le Chev. de *Grygny* , qui joue très-
rarement , avoit de grands moyens , il réunit
à un coup d'œil prompt beaucoup de jugement
& de fermeté dans l'attaque comme dans la
défense , relevant avec netteté la *balle* qu'il
pare de même de *volée* en tout sens ; il seroit
devenu de la premiere force s'il n'eût point
négligé ce jeu. — M. le Chev. de *Guilloh*
a le jeu gracieux , & déployé ; soit de l'avant,
soit de l'arriere-main ; il a tous les moyens
d'attaque & de défense , & se place bien à la
balle ; il conserve dans la continuité des coups
la même activité & le sang froid nécessaire
pour ne point s'étourdir. — Comme les
joueurs de la premiere ou seconde force , ré-

pandus dans le Royaume , ont des moyens &
des développements dans leur maniere plus
ou moins femblables à ceux que je viens de
dépeindre , l'énumération d'un plus grand
nombre deviendroit faftidieufe & trop uni-
forme ; & je renvoie au *tableau* joint à ce
Traité. Je ne dois pas oublier cependant à
Grenoble M. de *Baronnat* , qui triomphe toujours de fes adverfaires par l'activité foutenue
& la faculté rare qu'il a de relever pendant
long-temps la *balle* , & même les coups les
plus difficiles : ce privilege qui conftate la force
des organes , eft la plus grande faveur que la
nature puiffe accorder à un joueur de paume.
— Je dois citer aussi à Nantes M. *Binet* , qui a
un jeu très-brillant , & M. *Roux* ; — à Ta-
rafcon M. *Marrin* , —à Geneve , MM. *Barde* ,
de *Candole* & *Calendrini* ; — à Chambéri M.
d'*Aquin* & M. de *Candi* , — à Bourges M.
d'*Anjorand* , — à Orléans MM. *Voldemar* ,
Bouchu & *Arguno*; - à Limoges M. *Amapier* ,
— à Saumur MM. *Ponneau* , — à Clermont
M. *Chalignac* , —à Caën M. le Chev. de
Chiboville & M. le Cte. de *Faudoas* , —à
Lifle en Flandre M. *vanderveque*.

Il y a des amateurs qui , dans les *parties de*

quatre, se sont décidés à tenir plus souvent la place de *seconds* que de *premiers* ; leurs dispositions à la volée & les coups brillans que cette place facilite, les ont déterminés à la préférer. — L'on peut citer pour l'amateur de la premiere force en ce genre, & même plus habile que nombre de *paumiers*, M. *Delmas*, très-connu par son coup de volée supérieur & décidé. Il releve aussi admirablement la *balle* coupée contre les *batteries* ; il est gaucher, & cette habitude lui donne de l'avantage dans sa parade d'avant-main si bien rabattue, qu'elle est le plus souvent imprenable. — M. *Fauvin*, à *Orléans*, peut lui être comparé ; les autres amateurs qui tiennent aussi cette place avec succès, sont, à Paris, MM. *Famin*, de *Monte*, *Lami* & *Charpentier* ; à Lyon, M. *Sablier*, M. *Rose*; à Grenoble, MM. de *Sautero*, *Hervey* & *Perrotin* ; à Orléans, M. le Cte. de *Rusey*; à Châlons-sur-Saône, M. *Burignot*, M. *Tiran* ; à Marseille, M. de *Simiane*, M. *Audiberd*; à Baune, M. le Cte. de *Livry*, &c.

Je n'ai parlé que des amateurs François, & j'ai cité M. *Reverdy* comme le plus fort de France, mais l'on croit qu'à *Londres* M. *Haukings* est plus fort que lui, & M. *Prikce* au moins fon égal ; ce dernier , que j'ai vu jouer , releve de tout côté la *balle* entre bonds & volée avec une dextérité furprenante , il me difoit qu'en France nous ne courions pas affez fur tous les coups , que les rifques de mettre *deffous* ne devoient pas arrêter , parce que la raquette attrapoit bientôt la *balle*. — Il eft vrai que les joueurs qui joignent beaucoup d'action dans le jeu à l'indifférence fur la perte des *quinze* , font plus de progrès.

Un joueur flatté de la réputation qu'il acquiert , s'informe quels font dans les pays les particuliers avec lefquels il pourroit entrer en lice , ou ceux qui font plus habiles que lui ; les garçons *paumiers* qui courent les provinces , ont dans leur tête une échelle de comparaifon fur le degré de la force des différents amateurs qui par-là font plus ou moins connus.

La chaffe & le jeu de paume font deux exercices qui rapprochent le plus leurs amateurs : toute étiquette , toute cérémonie femble être bannie parmi les chaffeurs & les joueurs de paume , l'habileté feule eft diftinguée. — Les chaffeurs ont des égards pour celui qui fe montre le plus adroit , parce que c'eft lui qui anime & dirige la chaffe , c'eft fur lui que fe fonde l'espérance future pour la provision du gibier, il est juge des querelles plaisantes qui s'élevent entre les chasseurs sur leurs préten-tions. — Les joueurs de paume ont aussi des égards pour l'amateur habile qu'ils tâchent d'imiter, ils sont flattés de le mettre dans leurs parties & d'avoir son suffrage, c'est lui auquel on s'en rapporte ordinairement sur la proportion des forces des joueurs, & dont la voix est prépondérante pour décider les coups incertains.

Il y a des femmes qui auroient assez de force dans la constitution & de courage pour jouer à la paume, elles pourroient y réussir mieux que beaucoup d'hommes, sur-tout quand après avoir vaincu les premiers obstacles, elles verroient qu'elles peuvent hardiment se servir en s'amusant de la ruse & de la finesse (dont elles savent si bien tirer parti), & donner un nouveau prix à leurs charmes; — quelques mois de pratique assidue les mettroient vîte au fait des regles du jeu, leur corps seroit bien vîte assouplé aux attitudes convenables. — L'on sait que nos Annales font mention de plusieurs femmes que l'exercice avoit rendues capables d'entreprendre les actions les plus

hardies

hardies foit dans les voyages , foit dans les combats. — L'éducation tranquille & fédentaire que reçoivent nos Demoifelles , les éloignent des exercices qui à la plupart procureroient plus de fanté & d'agrément ; une mere eft plus empreffée de conferver à fa fille une taille fvelte & la blancheur du teint , que de lui faire acquérir une bonne conftitution. — Nos Demoifelles font reftraintes à cultiver des talents peu actifs : foumifes aux principes d'éducation de nos climats & aux préjugés qui en dérivent , elles penfent en filence à l'état qui leur affurera plus d'indépendance & de liberté; — ce ne feroit donc que des filles du tiers état affez hardies , en fe mettant au deffus de l'opinion , pour hafarder des moyens particuliers de fortune qui pourroient jouer à la paume. — Il y a près de vingt ans que la Dlle. *Funel* jouoit affez bien à la *paume* , & faifoit la partie de Mgr. le *Prince de Condé* ; foit par fcrupule ou amour propre, elle ne prenoit aucun habillement d'homme, vêtue fimplement d'un mantelet à grand'manches , & d'un jupon court, elle s'élançoit dans le jeu comme une *fauterelle* ; elle eft maigre & a les membres affez allongés ; de forte qu'elle ref-

sembloit assez dans des moments à un *épou-*
vantail que l'on place dans des champs d'ha-
ricots ; elle jugeoit & relevoit assez bien la
balle ; elle est âgée de plus de soixante ans , &
prend encore quelquefois la *raquette.* Mde·
Masson , Maîtresse du jeu de paume de la rue
Grenelle St. *Honoré* à *Paris* , âgée de 28 ans ,
joue à la paume ; elle a quelque aptitude à la
chose , elle a le poignet vigoureux , coupe la
balle , ajuste & pare assez bien de volée ; si
son caractere & son éducation répondoit à ses
dispositions , les joueurs s'empresseroient de
fréquenter son jeu , mais par malheur le joueur
honnête qui fait sa partie est exposé aux im-
promptus de son humeur pigrieche , elle le
chicane coutre toute vraisemblance sur les
coups dont elle veut tourner la *chance* à son
profit ; si ce joueur les lui conteste , l'altération
de ses traits désigne sa colere , elle se sert des
termes les plus hardis pour exprimer son dépit ;
le garçon *paumier* se garde bien de ne pas
marquer le jeu suivant le barometre de la
figure de sa maîtresse , sans quoi il recevroit
quelques balles au corps & feroit ensuite un
maigre dîner ; le mari , pour conserver la paix
du ménage & retirer les *en-jeux* , est toujours

(163)

dé l'avis de fa petite *coco*, c'eft ainfi qu'il
appelle fa chere moitié ; de forte que fi le
joueur veut fauver fa bourfe de la conjuration,
il doit faire promptement quelque facrifice &
quitter le jeu. Une telle conduite de la part de
la Dame *Maffon* la prive de la condefcendance
que l'on auroit en pareil cas pour fon fexe ;
l'on gémit fur des défauts qui anéantiffent le
mérite de quelques talents , & qui nuifent à
l'avantage qu'elle pourroit en retirer : les fpé-
culations avides qui font établies dans le tripot
de ce jeu de paume, l'ont rendu très-difcrédité.

Mais fi une femme , déterminée à jouer à
la paume, joignoit à l'activité que demande
cet exercice , l'aménité du caractere & quelques agréments dans la figure, l'on ne peut
douter qu'elle ne fît fa fortune. — Le jeu de
paume , comme jeu d'adreffe , ne reffemble
point à nos jeux tranquilles de fociété , où la
femme qui pourroit le plus plaire s'éclipfe au
bout d'une heure ; les jeux de fociété ne permettent vis-à-vis du beau fexe aucune grace ;
chaque joueur place fa carte pour faire plus ou
moins de *mains* , & fi la belle qui perd beaucoup fe trouve dans une maifon étrangere ,
elle ne peut fixer aucun jour pour fa revanche,

élle fe retire de cette maifon fouvent fort dé-
pitée , retourne le lendemain dans une autre ,
où elle a peut-être autant de défagrément ; les
complimens qu'on peut lui faire dans ces circonftances fur fa parure , fes charmes , ne la
dédommagent point de la perte de fon argent.
— Si elle joue les jeux de hafard , les joueurs
qui rifquent davantage font encore plus ine-
xorables à fon égard , à moins que quelques
galants affociés ne la mettent de moitié dans
le gain , fans qu'elle coure les rifques d'une
groffe mife de fonds , & c'eft la feule bonne
aventure qu'une femme puiffe avoir dans les
maifons où l'on joue ; mais il n'en feroit pas de
même de celles qui joueroient à la paume , en
fuppofant même qu'elles ne fuffent que d'une
force très-médiocre : la rareté du fait tourne-
roit tout à leur avantage : quelqu'élégance
dans la taille , quelques charmes dans la figure,
des manieres engageantes ; ces attraits réunis
leur attireroient tous les fuffrages , les femmes
viendroient les voir fûrement plutôt pour les
critiquer que pour les applaudir , mais elles en
feroient dédommagées par les prévenances des
hommes, elles auroient un habillement décent,
fufceptible des ornements que le fexe fait y

mettre ; leurs cheveux feroient feulement re-
tenus par un peigne : vêtues d'un fimple
corfet & d'une foubre-vefte à bafte , avec des
pantalons qui iroient à mi-jambe , elles pourroient ainfi courir & agir avec aifance ; l'on
peut préfumer qu'elles feroient toutes leurs
parties avec avantage , & que les amateurs ,
par une galanterie naturelle , auroient pour
elles beaucoup de condefcendance ; tous feroient charmés de jouer avec elles , les uns
n'emploiroient pas tous leurs moyens de fupériorité , & perdroient fans regret ; les autres
les mettroient de moitié dans les pari avantageux ; fi elles étoient d'une partie de quatre ,
les joueurs difputeroient peu fur l'égalité des
forces , elles feroient toujours avec le plus
habile, & au cas de perte elles feroient affurées
de leur revanche : les joueurs les inviteroient
à dîner avec eux , elles pourroient égaier par
des chanfons la liberté innocente qui régneroit
parmi les convives : toutes ces circonftances
mêleroient de l'agrément dans leur façon
d'exifter , & cimenteroient pour elles un
fort heureux : quand le beau fexe veut , il a
plus de force & de courage qu'il ne croit.
Ne voyons-nous pas à préfent des femmes

s'adonner comme les hommes à des talents périlleux, danfer fur la corde, affoupler leur corps à des fituations effrayantes qui exigent autant de force que de conftance ? N'en voyons-nous pas d'autres courir droites fur des chevaux, & déployer dans cette attitude autant de grace que d'adreffe ? Il eft vrai que les premieres épreuves alarment la timidité d'une femme, mais quelques louanges fur fa hardieffe lui font vaincre fes craintes fur les dangers.

Le jeu de paume n'offre qu'une perfpective féduifante : la politeffe des hommes y mettroit les femmes à l'abri de tout danger : le développement du corps que demande cet exercice feroit valoir leurs graces naturelles : courir fur la portée d'une balle, la relever ou la parer de volée, voilà tous les motifs de l'action, & quelques fuccès les encourageroient à fe préfenter d'elles-mêmes aux coups de balle véhéments qu'elles ne craindroient bientôt plus. Feu le Docteur M. *Tronchin* ordonnoit, il y a vingt ans, aux jeunes femmes qui le confultoient fur leurs vapeurs ou leurs obftructions, de fauter à pieds joints fur un tabouret, de trotter fur de grands chevaux, ou de faire la culbute dans leur chambre , & jamais il ne s'eſt fait autant de culbute que dans ce temps-là; il auroit dû plutôt leur conſeiller de jouer à la paume , & nous aurions peut-être à préſent le plaiſir d'avoir à côté de nous , la raquette en main , d'aimables Parténaires.

Voilà donc tout ce que je dois dire dans ce moment à l'égard de ce Traité : occupé à d'autres objets de Science , j'ai entrepris ce que d'autres auroient dû faire. Je ſouhaite que des amateurs plus inſtruits que moi perfection‑ nent ce que j'ai ébauché : mais ſouvent ceux qui croient ajouter de nouvelles idées à celles de l'inventeur , croient s'attribuer tout le mé‑ rite de l'invention ; ce n'eſt pas une gloire que je leur envierai , s'ils peuvent déſigner au joueur une méthode qui rende l'exécution plus prompte , plus facile , & les progrès plus rapides. Si un Géometre eût pris fantaiſie de faire un pareil Traité , il auroit démontré par A = B + C tous les effets de la balle dans ſes angles , & auroit calculé le degré de l'oppo‑ ſition de la raquette du joueur en raiſon inverſe du quarré des diſtances , de ſorte que les pages du Traité auroient été garnies d'une file d'x & d'y — qui n'auroit pas rendu les amateurs plus

(168)

habiles, & où la plupart n'auroient rien compris ; car deux joueurs doivent réfoudre promptement les problêmes qu'ils fe propofent avec leur *raquette*.

La réponfe aux informations que j'ai voulu prendre fur la force différente des amateurs & le genre de leur jeu, a été trop tardive, ainfi je prie ceux qui auroient eu, à jufte titre, la prétention d'être diftingués ici de la foule des joueurs, de ne pas me favoir mauvais gré fi je les ai paffé fous filence ; je leur rendrai bientôt, fuivant les avis que l'on me fera paffer, la juftice dûe à leur habileté. Je recevrai avec empreffement les inftructions que l'on me fera paffer fur les détails que je peux avoir oubliés ; l'on pourroit dans la fuite reproduire une nouvelle édition, à laquelle il feroit convenable d'adapter des cartes figurées! le jeu de paume peut devenir un Art raifonné en principes méthodiques, qui obligeroient les amateurs à tenir une certaine marche pour faire plus de progrès.

Je n'ai pas pas dû marquer dans le tableau fuivant, le degré de la force de chaque joueur, car celui qui, dans ce moment, n'eft pas parvenu à une certaine force, peut dans quelques

années

années furpaffer les plus forts amateurs. Je laiffe au choix du Lecteur de défigner, fuivant fon idée, par une * , les plus expérimentés, foit dans les places de premiers , foit dans celles de feconds.

Villes où il y a des Jeux de paumes.

NOMS

DES AMATEURS LES PLUS CONNUS.

PARIS.

Monseig. le Cte. d'Artois.
Monseig. le Duc d'Orléans.
Monseig. le Pr. de Condé.
Monseig. le D. de Chartres.
Monseig. le Duc d'Aufson.
M. le Duc de Montbazon.
M. le Chev. du Durfort.
Monseig. le Pr. de Henin.
M. le Cte. de Valence.
M. de la Vaupalliere.
M. de Montville.
M. Gaulard.
M. le Cte. de Castellane.
M. des Jobert.
M. de Can de Chateville.
M. le Mqs. de Champcenet.
M. de Bertemond.
M. de Vomarde.
M. Labbé.
M. le Cte. d'Aldeymar.
M. de Crameville.
M. de Châteaublond.
M. Tourneporte.
M. Famin.
M. Meunier.
M. Monte.
M. Monnet.
M. Delmas.
M. Pelete.
M. le Chev. de Montigny.
M. Laurent.
M. Fleury.
M. Benoit.
M. le Chev. Moufle.

M. Regnier.
M. Bailli.
M. de Keumadeure.
M. le Chev. de Maupeou.
M. Lararre.
M. Daubonne.
M. Bayard.
M. la Mancellerie.
M. Octane.
M. le Bossu.
M. Charpentier.
M. Hebber.
M. Geniere.
M. Lami.
M. le Chev. de la Tour-du-Pin.

LYON.

M. Ricard.
M. le Chev. de Grygny.
M. Imbert.
M. le Chev. de Guillon.
M. Rose.
M. Sablier.
M. Tissier.
M. Marion.
M. Chazette.
M. Mondet.
M. de Man . . . eux.

MARSEILLE.

M. Audibert.
M. de Simian.
M. de Sabathan.
M. Rose.
M. de Franciski.

BORDEAUX.

M. le Bar. de Castelnau.

NISMES.

M. Choque.

MONTPELLIER.

M. Boulet.

TARASCON.

M. Marin.

AIX.

M. Regibaud.

GRENOBLE.

M. Arthaud.
M. de Baronnat
M. Harvey.
M. de Sautero.
M. Duclos.
M. d'Authon.
M. Perrotin.

CLERMONT EN AUVERGNE.

M. Chalignac.

AVIGNON.

BESANÇON.

SAUMUR.

MM. Ponneau.

CHALONS SUR SAONE.

M. Reverdy.
M. Burignot.
M. Tyran.

DIJON.

M. Turlot.

AUTUN.

NEVERS.

RHEIMS.

TOULOUSE.

TOULON.

BEAUNE.

M. le Cte. de Livri.
M. le Bar. Delmont.

AMIENS.

M. le Mqs. de la Claugé.
M. le Cte. du Roux.
M. Poulain.

ROUEN.

M. de la Glanderie.

CAEN.

M. le Chev. de Chyboville.
M. le Cte. de Faudoas.

ALENÇON.

ORLÉANS.

M. Voldemar.
M. Bolandry.
M. le Cte. de Rufey.
M. Fauvin.
M. Boucher.
M. Arguno.
M. Gombaud.
M. de Noras.
M. de Bagnod.

COMPIEGNE.

M. Vacan.
M. le Bar. d'Anglois.

BOURGES.

M. le Cte. de Paracé.
M. le Chev. d'Anjorand.
M. le Bar. de Sofay.
M. de Grevel.
M. Clément.

BLOIS.

M. de Bojanci.
M. de Gittonville.

TOURS
EN TOURAINE.

M. de Cibert.

POITIERS.

AGÉN.

LAVAL
DANS LE MAINE.

M. Cartinay.

ANGERS.

M. le Cte. de la Serre.
M. du Termont.

LIMOGES.

M. Annapier.

RENNES.

LA ROCHELLE.

M. Guillonde.

NANCI.

M. d'Albaud.
M. Noël.

METZ.

M. Haen.

NANTES.

M. Binet.
M. Becdelievre.
M. Roux.
M. Therien.
M. Belloc.
M. le Chev. de Pigneux.
M. Archambaud.

M. Edlin.
M. Tavenard.

L'ISLE
EN FLANDRES,

M. Vaudervéqué.

BRUXELLES.

M. le Pr. de Hesse-Cassel.

STRASBOURG,

M. Maison.

GENEVE.

M. de Baumont.
M. de Candole.
M. Barde.
M. Calendtini.
M. du Fer.

BALE
EN SUISSE.

M. l'Anglais.

CHAMBERY.

M. d'Aquin.
M. de Candi.

TURIN.

M. le D. de Chablais.

VIENNE
EN AUTRICHE.

MANHEIM.

M. le D. de Papenem.

MADRID.

LONDRES.

M. Hauckin.
M. Prikce.
M. le Chev. Miot.
M. Ackin.